LEITURAS **LF** FILOSÓFICAS

CARLOS VARGAS E MOISÉS FARIAS

EDITH STEIN
Empatia, ética e mística

Edições Loyola

Dados Internacionais de Catalogação na Publicação (CIP)
(Câmara Brasileira do Livro, SP, Brasil)

Vargas, Carlos
   Edith Stein : empatia, ética e mística / Carlos Vargas, Moisés Rocha Farias ; prefácio de Miguel Mahfoud ; posfácio de Patrício Sciadini. -- São Paulo : Edições Loyola, 2022. -- (Coleção leituras filosóficas)

   ISBN 978-65-5504-144-6

   1. Filosofia e Cristianismo 2. Antropologia filosófica 3. Antropologia teológica 4. Empatia 5. Ética 6. Mística 7. Stein, Edith, 1891-1942 I. Farias, Moisés Rocha. II. Mahfoud, Miguel. III. Sciadini, Patrício. IV. Título V. Série.

21-88587 CDD-128

Índices para catálogo sistemático:
1. Antropologia filosófica 128

Maria Alice Ferreira - Bibliotecária - CRB-8/7964

Preparação: Maria de Fátima Cavallaro
Capa: Inês Ruivo
Diagramação: Ronaldo Hideo Inoue
Revisão: Rita Lopes

Edições Loyola Jesuítas
Rua 1822 nº 341 – Ipiranga
04216-000 São Paulo, SP
T 55 11 3385 8500/8501, 2063 4275
editorial@loyola.com.br
vendas@loyola.com.br
www.loyola.com.br

Todos os direitos reservados. Nenhuma parte desta obra pode ser reproduzida ou transmitida por qualquer forma e/ou quaisquer meios (eletrônico ou mecânico, incluindo fotocópia e gravação) ou arquivada em qualquer sistema ou banco de dados sem permissão escrita da Editora.

ISBN 978-65-5504-144-6

© EDIÇÕES LOYOLA, São Paulo, Brasil, 2022

Edith Stein
Foto do "passaporte", c. 1938-1939.

Wikimedia: <https://commons.wikimedia.org/wiki/File:Edith_Stein_(ca._1938-1939).jpg>.

Edith Stein
Estudante em Breslau, c. 1913-1914.

Wikimedia: <https://commons.wikimedia.org/wiki/File:Edith_Stein-Student_at_Breslau_(1913-1914).jpg>.

*O ponto central da alma
é o lugar de onde se escuta
a voz da consciência e é
o lugar da livre decisão pessoal*[1].

SANTA EDITH STEIN

Este livro é dedicado a todas as pessoas que buscam a verdade inspiradas na fenomenologia, na filosofia steiniana e na mística carmelitana.

---

1. STEIN, EDITH, *Na força da cruz*, trad. Hermann Baaken, São Paulo, Cidade Nova, ³2007a, 63.

SUMÁRIO

AGRADECIMENTOS 13

LISTA DE ABREVIATURAS E SIGLAS 15

PREFÁCIO 17
Edith Stein: Filosofia cristã em diálogo com todos
MIGUEL MAHFOUD

INTRODUÇÃO 23
CARLOS VARGAS (*Edith Stein Circle*)

APRESENTAÇÃO 29
Quem foi Edith Stein?
MOISÉS ROCHA FARIAS

I
EMPATIA

ANÁLISE FENOMENOLÓGICA DA EMPATIA
NA PERSPECTIVA DO DESENVOLVIMENTO DE
UMA FILOSOFIA DA PESSOA HUMANA 41
CARLOS VARGAS
MOISÉS ROCHA FARIAS

1. O itinerário de Edith Stein de busca
   da verdade no desenvolvimento de sua
   noção de empatia... 43
2. Sobre o problema da empatia................................. 50
3. Da análise da empatia à estrutura
   da pessoa humana.. 54
   3.1. Sobre o papel da fenomenologia na
        clarificação da noção de empatia..................... 60
4. Da análise da empatia ao desenvolvimento
   de uma filosofia fenomenológica
   da pessoa humana.. 63

II
ÉTICA

A EMPATIA COMO SUBSTRATO DA AÇÃO ÉTICA............. 71
Moisés Rocha Farias

1. A relação ético-empática entre
   indivíduo e comunidade... 72
2. A estrutura da vivência comunitária......................... 76
   2.1. Elementos do fluxo de vivências comunitárias.... 82
3. Conexões dos fluxos de vivências 86

III
MÍSTICA

A CLARIFICAÇÃO FENOMENOLÓGICA DE
EDITH STEIN COMO PONTE EPISTEMOLÓGICA
ENTRE A ANTROPOLOGIA FILOSÓFICA
E A TEOLOGIA SIMBÓLICA 95
Carlos Vargas

1. A problemática da Ciência da Cruz com
   base na análise dos símbolos místicos de
   São João da Cruz na obra de Edith Stein................... 97

2. O itinerário de Edith Stein:
a busca da verdade como etapa
na Ciência da Cruz 99
3. O papel da fenomenologia na
Ciência da Cruz de Edith Stein................... 104
   3.1. Sobre a aplicação da análise
   fenomenológica na Ciência da Cruz.................. 106
4. O ponto de partida da Ciência da Cruz
na obra de São João da Cruz...................... 110
   4.1. A aplicação da fenomenologia
   na análise dos símbolos místicos
   de São João da Cruz 112

CONSIDERAÇÕES FINAIS 119

REFERÊNCIAS BIBLIOGRÁFICAS...................... 125

ANEXOS

ANTOLOGIA DE PENSAMENTOS DE EDITH STEIN.............. 137
Fé e razão 137
Intelecto e contemplação............................... 138
A luz escura da fé 138
Empatia no amor.. 139
A ética cristã do amor................................... 139
A Ciência da Cruz 140
Conhecimento e união entre Deus e a alma 140
Mistério do Espírito Santo 141
Nas mãos de Deus 142
Perseverança na caminhada............................. 142

SOBRE OS AUTORES 143
Carlos Vargas 143
Moisés Rocha Farias....................................... 144

POSFÁCIO 145
Buscar a Deus é caminhar na Verdade
Frei Patrício Sciadini, OCD

Buscar a Verdade 146
A cruz: caminho para a felicidade 147
Este livro é bem-vindo 149

AGRADECIMENTOS

Agradecemos a Deus pelas graças recebidas.

Agradecemos a todos os familiares que apoiaram a redação deste livro, especialmente a Maria Simone, Adineia Maria, Luiz Antônio e José Eduardo.

Agradecemos à Professora Drª Ângela Ales Bello, à Irmã Drª Jacinta Turolo Gracia, ao Professor Dr. Miguel Mahfoud, ao Frei Patrício Sciadini (OCD), ao Pesquisador Ir. Rodrigo Álvarez Gutiérrez e ao padre Dr. Márcio Fernandes.

Agradecemos a todos os freis carmelitas descalços (OCD), a todos os carmelitas descalços seculares (OCDS) e a todas as irmãs carmelitas descalças, especialmente ao Carmelo Nossa Senhora da Assunção e São José e às Comunidades Santa Teresa de Jesus e Santa Teresinha, Alma Missionária (OCDS).

Agradecemos aos membros da Academia Brasileira de Hagiologia (ABRHAGI), especialmente a Giovani Mendes de Carvalho e Luciano Dídimo.

Agradecemos a todos os amigos e a todas as amigas que nos ajudaram, especialmente a Valdemir Chiquito, João Domingos, Frei Rafael, Frei Davi, Frei Maycon, Frei Washington, e aos padres Juarez Rangel, José Carlos, Valdirlei Chiquito, Clodoaldo da Luz e Danilo Pena.

Agradecemos também às revistas *Interações* (PUC Minas) e *Steiniana* (Chile) pelas autorizações dos respectivos artigos.

LISTA DE ABREVIATURAS E SIGLAS

ABRHAGI	Academia Brasileira de Hagiologia
Edith Stein Circle	*The International Association for the Study of the Philosophy of Edith Stein*
ESGA	*Edith Steins Gesamtausgabe*
Hrsg.	*Herausgegeben* (editado)
Hua	Coleção *Husserliana: Edmund Husserl — Gesammelte Werke*
Hua III/1	HUSSERL, Edmund. *Ideias para uma fenomenologia pura e para uma filosofia fenomenológica*: introdução geral à fenomenologia pura. Aparecida: Ideias & Letras, 2006a. Trad. Márcio Suzuki. De acordo com o texto de Husserliana III/1. *Ideen zu einer reinen Phänomenologie und phänomenologischen Philosophie*. Erstes Buch: Allgemeine Einführung in die reine Phänomenologie 1. Halbband: Text der 1.-3. Auflage-Nach-

	druck. Hrsg. von K. Schuhmann. Den Haag: Martinus Nijhoff, 1976
Ideen I	HUSSERL, Edmund. *Ideen zu einer reinen Phänomenologie und phänomenologischen Philosophie*. Erstes Buch: Allgemeine Einführungin die reine Phänomenologie 1. Halbband: Text der 1.-3. Auflage-Nachdruck. Hrsg. von K. Schuhmann. Den Haag: Martinus Nijhoff, 1976
Manual de Psicologia	LIPPS, Theodor. *Leitfaden der Psychologie*, Dritte, teilweise umgearbeitete Auflage. Leipzig: Verlag von Wilhelm Engelmann, 1909
OCD	Ordem dos Carmelitas Descalços
OCDS	Ordem dos Carmelitas Descalços Seculares
PUC	Pontifícia Universidade Católica
§	Seção (parágrafo)

PREFÁCIO
EDITH STEIN: FILOSOFIA CRISTÃ EM DIÁLOGO COM TODOS
Miguel Mahfoud[1]

Tendo em mãos o livro *Edith Stein — Empatia, ética e mística*, de Carlos Vargas e Moisés Farias, gratidão é a palavra que insiste em ressoar. Os temas são muito radicais e urgentes, tais como o reconhecimento do outro como ser humano, a responsabilidade pessoal de construir relações interpessoais que correspondam à vivência que se tem do outro e a descoberta do humano como habitado pelo divino. A Antropologia Filosófica de Edith Stein abre caminho para a profundidade e a sistematização incomuns, resultando em alento para nós já cansados de ideologias reafirmadas a todo custo. Somos gratos aos autores por nos aproximarem dela.

A gratidão dos autores pela própria pertença comunitária, profundamente presente e integrada à teorização apresentada,

---

1. Professor Miguel Mahfoud possui Doutorado em Psicologia Social (USP) e Pós-doutorado na Pontifícia Universidade Lateranense de Roma (2004). Professor Associado pela Universidade Federal de Minas Gerais, de 1996 a 2016, é membro do GT Psicologia e Fenomenologia da ANPEPP, editor da revista *Memorandum: memória e história em psicologia* e membro do Conselho Consultivo da Sociedade de Estudos e Pesquisa Qualitativos (SE&PQ).

é também incomum na contemporaneidade. A pertença à família carmelita, assim como a afeição e admiração por Edith Stein, transparece em cada página da presente obra filosófica.

Gratidão é também a palavra que ressoa logo nas primeiras páginas deste livro: são muitas as pessoas que, de alguma forma, os autores reconhecem como habitando, compondo e acompanhando a experiência intelectual e humana que estas páginas documentam.

Como pessoas, somos constituídos por relações interpessoais; nossa contribuição no mundo se dá com base em nossa própria identidade. A pessoalidade fecundada, desde o núcleo mais central de nossa interioridade, nos dá condições de assumir responsabilidades pessoais diante do que transparece à consciência no fluxo do viver: é o tema do livro e também a dinâmica dos autores ao nos oferecerem os resultados de suas investigações.

A tomada de posição no mundo a partir da própria consciência e de sua identidade levou cada um de nossos autores a se dedicar aos temas relevantes aqui encontrados. Assim nos convidam a aprofundar o conhecimento da obra de Stein. Ao mesmo tempo, eles mesmos se reconheceram parceiros de comunidade, contribuindo juntos e sendo apoiados pela unidade entre eles. A consciência da própria interioridade — com sua dinâmica própria a instaurar sentido, solicitando respostas ao contexto cultural — não os levou ao fechamento de individualidade autorreferente, mas à pessoalidade respondente, à vida pessoal diante da comunidade humana. O percurso próprio de cada um dos autores trouxe contribuições específicas; o percurso comunitário entre eles gerou algo novo a partir de cada um, e essa obra chega às nossas mãos de forma fecunda.

Como apontado pelos autores, Edith Stein aponta a vivência da empatia como reconhecimento de que também a outra pessoa é um eu; reconhecimento esse que ilumina também a consciência de si próprio e de nossa essencial proximidade. Consciência que se volta tanto à interioridade como à exterioridade das pessoas envolvidas. E nossos autores acentuam o caráter ético envolvido nessa tomada de consciência: pode-se recusá-la — sendo o ser humano livre e responsável pelo direcionamento das vivências reconhecidas —, mas a experiência de abertura ou fechamento ao outro reconhecido em sua humanidade determina a interioridade de quem o reconhece. A resposta que afirma a consciência do outro como um eu define a relação entre os sujeitos envolvidos, define a interioridade de que o reconhece e é uma resposta à solicitação que a experiência mesma nos faz. Responder em sintonia com o reconhecido é solicitação ética para com o outro e para consigo mesmo. Como agudamente nossos autores reconhecem, dá-se como no caso da beleza reconhecida: a experiência nos convida a uma abertura e a resposta do sujeito permite que a beleza determine nossa interioridade, chegando a alimentar seu núcleo mais pessoal. Importante acento colocado na complexidade da experiência: acontecimento em nós à espera de nossa resposta pessoal, interjogo de interioridade e exterioridade, de eu e outro, de tomada de posição e recebimento de solicitação no interior da experiência mesma. Complexidade essa que fundamenta a vivência intersubjetiva e a experiência comunitária: requerem Eus ativos, livres, respondendo ao que experienciam e reconhecem.

Nesse sentido, a liberdade do sujeito diante das próprias tomadas de consciência leva, ao mesmo tempo, à responsabilidade para com a vida do outro e para com a própria vida pessoal.

Com os mesmos elementos daquela Antropologia Filosófica, os autores não se furtam a examinar a experiência religiosa definida como mística segundo a descrição e análise realizada pela própria Edith Stein. Ali a solicitação advertida na interioridade da própria pessoa, reconhecida como uma Alteridade, toma um caráter novo ainda que fundamentado na mesma estrutura da pessoa humana. Espécie de baú de tesouro do qual se tiram coisas novas e velhas (cf. Mt 13,52), a estrutura da pessoa humana possibilita clarezas sempre novas sobre si próprio, sobre o mundo e sobre o divino como Ser Supremo e fonte do ser.

Nesse nível de experiência, há escuridão naquilo que se pode conhecer, assim como luz na experiência de mistério portada à pessoa pela fé; há clareza de si e esquecimento de si, ao mesmo tempo; ativação das potências da alma e consciência da inapreensibilidade do próprio ser e do ser divino. Ali, a precisão da linguagem requer o recurso da poesia, viabilizando a consideração da experiência com seus paradoxos e excedentes. Requer o silêncio que é diálogo. Solicita a afirmação de conhecimento e experiência também na noite dos sentidos.

Assim, há deslocamento do centro de interesse: dos elementos da sensibilidade (envolvendo corporeidade e psique) para as atitudes do espírito ao voltar-se para o Outro. Nesse deslocamento pode dar-se ganho de liberdade — ao poder sacrificar livremente a própria vontade — e a experiência de realização pode incluir o sofrimento: como no abandono de si mesmo, próprio de quem ama. Com todos os elementos da experiência humana vive-se a experiência única de relação com o Ser Divino.

A presente obra que os autores nos oferecem testemunha também a possibilidade de uma Filosofia cristã, nos termos problematizados pela própria Edith Stein: uma filosofia pura fundamentada na razão natural (compartilhável por quem não tem fé religiosa) aceitando examinar aspectos da experiência de quem vivencia a fé e até mesmo considerando problemas que nascem da doutrina. Assim,

> Não há motivos objetivos para desconfiar dos resultados do procedimento natural [da filosofia cristã] por parte de quem não crê [...]. Ele fica livre para utilizar o instrumento da razão com todo rigor e recusar tudo o que lhe resultar insuficiente. E, ainda

mais, depende dele seguir o caminho conosco tomando — igualmente — conhecimento dos resultados adquiridos por meio da revelação [...]. Há, por parte dos dois lados, um meio em comum para verificar se as consequências correspondem ou não às verdades da razão. O que não crê poderá ter a paciência de chegar à visão em comum (que, para o filósofo que crê, é a consequência da razão natural e da revelação) e verificar se assim adquire conhecimento mais profundo e mais amplo do ente. Se não tiver preconceitos — como é próprio do filósofo —, certamente, por sua própria convicção, não se esquivará de tentar².

Mãos à obra!

---

2. STEIN, EDITH, Ser finito y ser eterno. Ensayo de una ascensión al sentido del ser, in: ID., *Obras completas*, v. III, Escritos Filosóficos: Etapa de pensamiento Cristiano, 1921-1936, trad. Alberto Pérez, OCD, et al., URQUIZA, JULIEN; SANCHO, FRANCISCO JAVIER (org.), Burgos, Editorial Monte Carmelo; Vitoria, Ediciones El Carmen, Madrid, Editorial de Espiritualidad, 2007b, 639-640. No original: *para el incrédulo no hay motivos objetivos de desconfianza en relación con los resultados de su procedimiento natural [...]. Él es, pues, libre de emplear el marco de la razón con todo rigor y rehusar todo lo que no le sea suficiente. Aún más, de él depende seguir el camino con nosotros tomando igualmente conocimiento de los resultados adquiridos por medio de la revelación [...]. Hay de nuevo, por parte de los dos lados, una medida común para ver si las consecuencias sacadas corresponden o no a las verdades de la razón. El incrédulo podrá tranquilamente esperar para ver si es capaz de llegar a la visión común que, para el filósofo creyente, es la consecuencia de la razón natural y de la revelación, y para ver si puede adquirir así conocimiento más profundo y más amplio del ente. Si no tiene prejuicios, como debe ser el filósofo según su convicción, ciertamente no retrocederá delante de esta tentativa.*

INTRODUÇÃO
Carlos Vargas
(Edith Stein Circle)

Este livro começou a ser sonhado em 2017, quando pude conhecer pessoalmente o professor Moisés Rocha Farias, no Simpósio Internacional Santa Elisabeth da Trindade, em Belo Horizonte. Na época, eu estava preparando a publicação de meu primeiro livro sobre uma santa carmelita: *A misericórdia na espiritualidade de Santa Elisabeth da Trindade*[1].

Eu e Moisés Farias, além de estudiosos da filosofia steiniana, somos membros da Ordem dos Carmelitas Descalços Seculares (OCDS), apesar de participarmos de Províncias diferentes[2]. Em 2017, ele me convidou, em nome da Escola de Formação Edith Stein, da Província São José (OCDS), para apresentar um minicurso sobre Santa Elisabeth da Trindade, a partir das pesquisas que eu já havia realizado.

---

1. Vargas, Carlos E. de C., *A misericórdia na espiritualidade de Santa Elisabeth da Trindade*, pref. Frei Patrício Sciadini, São Paulo, LTr Editora, 2017.

2. Moisés Rocha Farias mora no interior do Ceará e participa da Província São José. Eu moro em Curitiba, Paraná, onde participo da Comunidade Santa Teresa de Jesus, sendo, atualmente, presidente da Província Nossa Senhora do Carmo (OCDS).

No Simpósio sobre Santa Elisabeth da Trindade tivemos oportunidade de dividir o mesmo quarto da Casa de Retiros São José e pudemos aprofundar nossa confiança e amizade. Para minha surpresa, ele me perguntou: "Quando iremos publicar nosso livro sobre Santa Edith Stein?". Eu ainda não imaginava essa possibilidade, apesar de já ter publicado um artigo sobre a santa carmelita e de já ter me inscrito no Edith Stein Circle (Associação internacional para o estudo da filosofia de Edith Stein).

Em 2018, fui aceito na Academia Brasileira de Hagiologia (ABRHAGI), onde sou confrade de Moisés Farias e de outros membros da OCDS. Conseguimos publicar um artigo na revista *Steiniana* do Chile, em 2018, apresentando importantes aspectos da antropologia filosófica de Edith Stein. Na sequência, Moisés me convidou para fazer uma apresentação e um minicurso no Simpósio Internacional Edith Stein, realizado em 2019, na Universidade de Brasília (UnB). O professor Miguel Mahfoud também esteve presente nesse evento. Foi uma grande oportunidade de partilhar nossas pesquisas sobre Edith Stein, focando na empatia, na ética e na mística. Também foi nesse simpósio que lancei meu primeiro livro por Edições Loyola: *Para uma filosofia husserliana da ciência*[3].

Nessa caminhada formativa, Moisés Farias e eu tivemos a honra de contar com o apoio de grandes amigos, especialmente de Frei Patrício Sciadini, que escreveu o posfácio para esta obra, e do professor Miguel Mahfoud, que colaborou com o prefácio. Comecei a ler os livros do Frei Patrício Sciadini na década de 1990 e pude conhecê-lo pessoalmente no ano de 2015, em Aparecida, na comemoração do quinto centenário de nascimento de Santa Teresa de Jesus. Depois disso, fui agraciado com dois prefácios dele nas obras que escrevi sobre Santa Teresinha[4] e sobre Santa

---

3. VARGAS, CARLOS E. DE C., *Para uma filosofia husserliana da ciência*, São Paulo, Loyola, 2019.
4. Idem, *Dia a dia com Santa Teresinha. O calendário de uma família*, pref. Frei Patrício Sciadini, São Paulo, LTr Editora, 2018.

Elisabeth da Trindade[5]. O professor Miguel Mahfoud e a professora Ales Bello, por sua vez, foram influências marcantes em meus estudos fenomenológicos. A primeira vez que pude assistir a eles pessoalmente foi em São Bernardo do Campo, em 2006, no III Seminário Internacional de Pesquisa e Estudos Qualitativos, quando me inscrevi com dois trabalhos sobre Edmund Husserl.

Este livro pretende lançar um projeto de uma filosofia da pessoa humana com base no pensamento fenomenológico de Santa Edith Stein. Percebe-se, no plano de fundo, as influências de Edmund Husserl, por um lado, e de São João da Cruz, por outro. Esta obra se move entre a fé e a razão, entre a fenomenologia e a mística. Tive a oportunidade de publicar um livro[6], inspirado em minha tese de doutorado, que preparou o caminho para algumas questões levantadas nesta obra.

Completando esta introdução, segue-se uma apresentação biográfica de Santa Edith Stein, escrita por Moisés Farias, que tive oportunidade de revisar. Na sequência, a primeira parte deste livro diz respeito ao conceito de empatia. Adaptamos o nosso artigo "Análise fenomenológica da empatia na perspectiva do desenvolvimento de uma filosofia da pessoa humana"[7], publicado inicialmente na revista *Steiniana* do Chile.

Na segunda parte do livro será desenvolvido o tema ético, com uma adaptação que fiz com base na dissertação de mestrado de Moisés Rocha Farias: *A empatia como condição de possibilidade*

---

5. Idem, *A misericórdia na espiritualidade de Santa Elisabeth da Trindade*, pref. Frei Patrício Sciadini, São Paulo, LTr Editora, 2017.
6. Idem, *Origens da fenomenologia. O desenvolvimento inicial da filosofia de Edmund Husserl*, Rio de Janeiro, Multifoco, 2018.
7. FARIAS, MOISÉS ROCHA; VARGAS, CARLOS E. DE C., Análise fenomenológica da empatia na perspectiva do desenvolvimento de uma filosofia da pessoa humana, in: *Revista Steiniana*, Santiago, v. II, n. 2, 2018. Disponível em: <http://revistasteiniana.uc.cl/es/volumenes/steiniana-vol-ii-n-2-2018/66-c-articulos/117-analise-fenomenologica-da-empatia-na-perspectiva-do-desenvolvimento-de-uma-filosofia-da-pessoa-humana>. Acesso em: 26 jan. 2019.

para o agir ético[8]. O trabalho dele já se tornou uma referência nas pesquisas sobre empatia[9] e elabora alguns aspectos fundamentais da filosofia steiniana.

Este livro também avança no âmbito da mística. É um tema tão importante que foi o primeiro a ser escrito. Dado meu interesse pela mística carmelitana, comecei a ler Edith Stein pela última obra que ela escreveu: *A ciência da cruz*[10] (*Kreuzeswissenschaft*). Andreas Uwe Müller e Maria Amata Neyer explicaram um pouco do contexto em que essa obra foi escrita, na época em que a Ordem dos Carmelitas Descalços se preparava para comemorar o quarto centenário do nascimento de São João da Cruz:

> A *Ciência da Cruz* foi de grande importância para Edith Stein [...] não somente foi tradutora de literatura espanhola de importância universal — para isso teve de aprender especificamente espanhol — mas também foi comentarista de filosofia da religião. Que este seria o último trabalho de sua vida, ela não sabia, mas, talvez, tenha pressentido. A todas as irmãs [do Carmelo] de Echt chamou atenção a pressa e a intensidade com que Edith Stein se pôs a trabalhar em seu manuscrito[11].

---

8. FARIAS, MOISÉS ROCHA, *A empatia como condição de possibilidade para o agir ético*, Dissertação de Mestrado em Filosofia, Fortaleza, Universidade Estadual do Ceará, 2013, 97 f.

9. ALMEIDA, RENALDO E. DE, A empatia em Edith Stein, in: *Cadernos IHU*, São Leopoldo, ano 12, n. 48, 2014, 59 p.

10. STEIN, EDITH, *A ciência da cruz. Estudo sobre São João da Cruz*, trad. Beda Kruse, São Paulo, Loyola, ⁴2004a.

11. UWE MÜLLER, ANDREAS; AMATA NEYER, MARÍA, *Edith Stein. Vida de una mujer extraordinaria*, trad. Constantino Ruiz-Garrido, Burgos, Editorial Monte Carmelo, 2004, 265. No original: *la "Ciencia de la cruz" fue de gran importancia para Edith Stein [...] no solo era traductora de literatura española de importancia universal, para lo cual tuvo que aprender específicamente español, sino que también fue comentarista de filosofía de la religión. Que éste sería el último trabajo de su vida, ella no lo supo pero quizás lo presintió. A todas las hermanas de Echt les llamó la atención la prisa y la intensidad con que Edith Stein se puso a trabajar en su manuscrito*, tradução livre dos autores.

O artigo "A clarificação fenomenológica de Edith Stein: ponte epistemológica entre a antropologia filosófica e a teologia simbólica"[12] foi publicado originalmente na revista *Interações*, do departamento de ciências da religião da PUC Minas. Trata-se de uma proposta de continuação das ideias que foram interrompidas pela morte de Santa Edith Stein no campo de concentração de Auschwitz.

Espero que este novo livro sobre Santa Edith Stein, revisitando sua filosofia da empatia e da pessoa humana, com suas implicações éticas e místicas, possa retomar os desafios lançados por São João Paulo II na Carta Encíclica *Fides et Ratio* (*Fé e razão*). No capítulo sobre "a interação da teologia com a filosofia"[13], o Santo Padre citou a vida de Santa Edith Stein como exemplo de uma "investigação corajosa" que soube tirar proveitos significativos nas pesquisas filosóficas a partir "da sua confrontação com os dados da fé"[14].

---

12. VARGAS, CARLOS E. DE C., A clarificação fenomenológica de Edith Stein. Ponte epistemológica entre a antropologia filosófica e a teologia simbólica, in: *Interações* Cultura e Comunidade, Uberlândia, v. 7, n. 12, 165-181 (jul./dez. 2012). Disponível em: <http://periodicos.pucminas.br/index.php/interacoes/article/view/6150>. Acesso em: 2 fev. 2019.

13. PAPA JOÃO PAULO II. Carta Encíclica *Fides et Ratio*. *Sobre as relações entre fé e razão*, trad. Libreria Editrice Vaticana, São Paulo, Paulus, ²1998, 68-82.

14. Idem, 77.

APRESENTAÇÃO
QUEM FOI EDITH STEIN?[1]
Moisés Rocha Farias

Quem foi Edith Stein? Uma mulher do nosso tempo, nascida no dia 12 de outubro de 1891, em Breslau, dia em que se celebrava a maior festa judaica, *Yom Kippur* (o grande dia do perdão), festa da expiação, dia de penitência e que "a senhora [Auguste] Stein considerava como sinal de predileção do Senhor, a data do nascimento de sua décima segunda filha"[2]. O pai de Edith Stein, senhor Siegfried Stein, comerciante de madeira, e sua esposa, Auguste Courant, formavam um casal judeu profundamente religioso. Eles se orgulhavam de pertencer ao povo alemão e não viam nisso nenhuma contradição com a origem judaica e sua fervorosa piedade[3]. Edith Stein ainda não contara dois anos

---

1. Esta apresentação corresponde ao anexo da dissertação de mestrado de Moisés Rocha Farias. A versão publicada neste livro contou com a revisão do coautor desta obra. A referência da dissertação completa é a seguinte: FARIAS, MOISÉS ROCHA, *A empatia como condição de possibilidade para o agir ético*. Dissertação de Mestrado em Filosofia, Fortaleza, Universidade Estadual do Ceará, 2013, 97 f.
2. MIRIBEL, ELISABETH DE, *Edith Stein. Como ouro purificado pelo fogo*, Aparecida, Santuário, 2001, 34.
3. Idem, 33.

quando perdeu seu pai, vítima de insolação. Sua mãe, pela qual ela terá sempre grande estima, assume os negócios, mesmo contra os conselhos dos parentes. Ela começa a negociar as dívidas, e, após certo tempo, coloca tudo em ordem.

Edith Stein começou os estudos em 1897, aos seis anos de idade. Ela era querida por todos na escola e era muito inteligente. Na adolescência, passou por um período de incertezas e crises existenciais sem, no entanto, perder o jeito alegre, o gosto pela música e os passeios rotineiros com outros jovens. Contudo, a menina-moça ia se tornando moça-mulher e a inocência já se esvaía, afastando-a das práticas religiosas — pergunta-se muitas vezes se o passo que Edith deu não foi uma passagem para o ateísmo, para o agnosticismo. Julgo que, no fundo, a questão não é decisiva. A verdade é que, a partir de então, Edith Stein viveu totalmente alheia a qualquer prática religiosa[4].

Como a adolescente havia resolvido "abandonar a escola"[5], sua mãe a enviou para a casa de Else, irmã mais velha de Edith, que já havia se casado e esperava o segundo filho. Nesse período, Edith Stein entrou em contato mais próximo com a realidade da mulher. Pelo fato de seu cunhado ser médico dermatologista, a adolescente tinha oportunidade de conversar com as pacientes. Edith Stein notava que aquelas mulheres, dominadas pelos seus maridos, não percebiam sua dignidade e isso a fez voltar aos estudos, com o desejo de ajudar especialmente as mulheres na descoberta da essência humana. Ao retornar para casa, com o entusiasmo renovado pelos estudos, Edith Stein reingressou no colégio. Depois de concluir o estudo secundário, Edith Stein enfrentou com determinação sua entrada na universidade, em 1911, tornando-se uma das primeiras mulheres alemãs a ingressar nos estudos universitários.

---

4. Sancho Fermín, Francisco J., *100 fichas sobre Edith Stein*, Avessadas, Edições Carmelo, 2008, 15.
5. Idem, 14.

Já na Universidade de Breslau, cresceu o interesse de Edith Stein pelas questões sociais: "em sua grade curricular havia germânico primitivo, gramática alemã, história do drama alemão, história da Prússia na época de Frederico, o Grande, história da constituição inglesa e um curso sobre a Grécia para iniciantes [...] Além disso, mais por inclinação, ela também se inscreveu nas aulas de filosofia e psicologia"[6].

Seguindo com mais proximidade a política, Edith Stein lutou com afinco, tanto pelo direito de voto da mulher — pois até então lhes era tolhido — como também pelos direitos dos grevistas. Contudo, ela ficou bastante decepcionada com a maneira determinista como a psicologia compreendia o ser humano. E isso passava longe do que Stein acreditava, isto é, na capacidade da liberdade humana, do homem como ser responsável pelo seu agir, bem como pelo seu amadurecimento como pessoa.

Nesse período, Edith Stein recebeu de um amigo o segundo volume de *Investigações lógicas*, de Edmund Husserl. Para ela, foi como um descortinar-se de novos horizontes. As questões conflitantes da jovem estudante encontravam respostas, deixando-a um tanto extasiada. Esse é o primeiro contato que Edith Stein tem com a fenomenologia e, mais precisamente, com a obra de Husserl, com quem trabalharia como assistente.

Aceita por Husserl, como aluna, Edith Stein se transfere para Göttingen e lá começa a participar de discussões sobre questões filosóficas e fenomenológicas. Nesse período, ela ficou um tanto surpreendida com Max Scheler, filósofo recentemente convertido ao catolicismo. Ia se descortinando o mundo da fé para Edith Stein, no qual ela já não mais acreditava até então. Ela entrou numa crise existencial no período da elaboração da tese de doutorado. Essa experiência foi tamanha na vida de Stein que ela chegou a ponto de não conseguir atravessar a rua sem desejar

---

6. FELDMANN, CHRISTIAN, *Edith Stein. Judia, ateia e monja*, Bauru, EDUSC, 2001, 17.

ser atropelada por um carro. A esse respeito a própria Edith comenta: "Se eu fazia algum passeio, então tinha a esperança de despencar de algum abismo e não voltar viva. Certamente ninguém pressentia o que se passava comigo"[7].

Em 1914, estourou a Primeira Guerra Mundial. Edith Stein atuava nessa época como professora. Ela suspendeu os estudos e voltou para sua cidade, Breslau, onde se preparou para ser enfermeira voluntária pela Cruz Vermelha, no Hospital Austríaco de Mährich-Weisskirchen: "era uma antiga academia militar de cavalaria que agora servia de hospital, com cerca de 4000 camas, e dedicava-se sobretudo a doentes contagiosos. Para poder ir para lá, teve de passar, pela primeira vez, por cima do parecer da mãe"[8]. Depois de um ano cansativo de trabalho no hospital, ela pediu licença para umas férias, época em que o hospital foi desativado.

Voltando para Göttingen, Edith Stein deu continuidade à sua tese de doutorado com a ajuda de seu amigo, Adolf Reinach (1883-1917). Ela superou a crise depressiva e percebeu o efeito da gratuidade da amizade, do amor sincero e da eficácia de um ser empático que possibilita uma nova perspectiva de vida. Depois de concluída a tese, ela decidiu dividi-la em três tomos, dada a sua densidade. Por esse magistral trabalho, ela recebeu a *Suma Cum Laude*, que significa "Com a maior das honras", em latim. Em virtude do falecimento de Adolf Reinach, na Primeira Guerra Mundial, que até então tinha sido assistente de Edmund Husserl, Edith Stein se ofereceu para ser a nova assistente na Universidade de Friburgo, onde o fenomenólogo foi nomeado para a cátedra de filosofia.

Durante o tempo de estudo, Edith Stein conheceu a senhora Hedwig Conrad-Martius. Depois do casamento dela com Theodor, a residência do casal em Bad Bergzabern transformou-se

---

7. Idem, 30.
8. Sancho Fermín, Francisco J., *100 fichas sobre Edith Stein*, Avessadas, Edições Carmelo, 2008, 23.

num ponto de encontro e num centro de discussões filosóficas. Em um desses períodos, em novembro de 1921, ao ler o *Livro da Vida: Santa Teresa de Jesus* (1515-1582), Edith Stein relatou: "caiu em minhas mãos o *Livro da vida* de nossa Santa Teresa e minha longa procura pela verdadeira fé chegou ao fim"[9].

Edith Stein esteve tão absorta nesse livro que nem se deu conta de que ficara a noite toda mergulhada na leitura: "comecei a ler, fiquei imediatamente presa e não parei mais até o final. Quando fechei o livro, disse a mim mesma: esta é a verdade"[10]. Quando ela se sentiu segura, e, após um estudo sobre o catecismo da Igreja, pediu ao padre Eugênio Breitlig o batismo. Após uma sabatina, o sacerdote marcou seu batismo para o dia 1º de janeiro de 1922, quando então recebeu o nome de Edith Teresa Hedwig, em homenagem à Santa Teresa e à sua madrinha.

No coração de Edith Stein havia somente uma dificuldade: como explicar essa conversão a sua mãe? Pois para os judeus fervorosos a "conversão de um judeu é como se morresse com ele todo o povo judeu [...] e, na sinagoga, os judeus devotos rezavam a oração dos mortos quando um deles tornava-se cristão"[11].

Edith Stein vai a Breslau e, chegando em casa, aproxima-se de sua mãe e confessa em tom delicado: "mãe, eu sou católica"[12]. Isso deixou toda a família consternada. Edith ficou com sua mãe por seis meses aprofundando seus conhecimentos cristãos, mas com muita solicitude a acompanhava à sinagoga todas as sextas-feiras à tarde para as orações judaicas[13].

---

9. STEIN, EDITH, *Vida de uma família judia e outros escritos autobiográficos*, trad. Maria do Carmo V. Wollny; Renato Kirchner, rev. Juvenal Savian Filho, São Paulo, Paulus, 2018, 543. Coleção Obras de Edith Stein.
10. FELDMANN, CHRISTIAN, *Edith Stein. Judia, ateia e monja*, Bauru, EDUSC, 2001, 48.
11. Idem, 50.
12. Idem, 51.
13. PEDRA, JOSÉ ALBERTO, *Edith Stein. Uma santa em Auschwitz*, Curitiba, Rosário, 1998, 67 p.

Demonstrando o desejo de entrar para o Carmelo, Edith Stein foi impedida pelo seu diretor espiritual, padre Joseph Schwind, que a aconselhou a ir para o Liceu das irmãs dominicanas de Santa Madalena, em Espira (*Speyer*). Graças a essa orientação, ela começou uma nova fase em sua vida, seguindo antigos ideais de uma carreira acadêmica em que acreditava: "se eu não conseguir terminar a minha tese de doutorado, pelo menos conseguirei passar nos exames oficiais; e se eu não conseguir me tornar uma grande filósofa, talvez seja uma professora útil pelo menos"[14]. Tal pensamento, que traduzia a motivação de seu agir, perdeu espaço para uma nova força em seu interior a partir do batismo, que reformulou seus anseios e ideais. Agora, já doutora, e com fortes possibilidades de tornar-se uma "grande filósofa", Edith Stein se deixou guiar pelos paradigmas das virtudes cristãs.

Acolhendo a entrega de sua vontade à Providência, Edith Stein dedicou-se às conferências, sendo convidada para ir a vários lugares, como Essen, Salzboug, Heidelberg, Freiburg, Colônia, Zurique, Viena e Praga. A filósofa assumiu essa fase não mais pela glória humana, mas como um apostolado e dedicou-se sem reservas à elaboração de um programa de formação feminina. Ela deu enfoque à realidade da mulher, à sua dignidade e vocação[15]. Nesse período, foi de grande importância para a sedimentação do itinerário de Edith Stein as traduções das obras de Santo Tomás de Aquino[16], *Quaestiones Disputatae*

---

14. FELDMANN, CHRISTIAN, *Edith Stein. Judia, ateia e monja*, Bauru, EDUSC, 2001, 30.

15. STEIN, EDITH, *A mulher. Sua missão segundo a natureza e a graça*, trad. Alfredo J. Keller, Bauru, EDUSC, 1999d.

16. Santo Tomás de Aquino (1227-1274) nasceu na Itália em uma família nobre e entrou cedo para a Ordem dos Dominicanos. Percorreu toda a Europa medieval. Depois dos estudos em Nápoles, Paris e Colônia, onde teve por mestre Alberto Magno, ensinou em Paris e nos Estados do papa. Morreu quando se dirigia ao Concílio de Lyon. Sua imensa obra compreende as *Questões disputadas*, duas Sumas: *Suma contra os gentios* e *Suma teológica*, vários

de Veritate (Questões disputadas sobre a verdade), além das cartas e diários de Sua Eminência, cardeal John Henry Newman. Nesses trabalhos ela se revelou excelente tradutora, recebendo elogios da crítica especializada.

Em 1932, Edith Stein transferiu-se para Münster, sendo convidada para o cargo de professora no Instituto de Pedagogia Científica, onde ensinou antropologia filosófica e teológica. Porém, no ano seguinte, as eleições confirmam o poder do partido de Adolf Hitler e, no contexto de antissemitismo crescente, os judeus foram proibidos de ocupar cargos públicos, vindo Edith a ser demitida. Recusando uma proposta de ensinar na América do Sul, determinou-se, enfim, pela entrada no Carmelo.

No Carmelo, Edith Stein foi recebida como qualquer outra postulante. Ela contava quarenta dois anos no seu ingresso e a maioria de sua comunidade carmelitana não sabia da sua trajetória intelectual. A ausência de dotes domésticos e manuais, fundamentais na vida feminina conventual, lhe custou um grande esforço: "Edith costurava muito mal e se sentia embaraçada e desajeitada na maior parte dos trabalhos manuais. Era de uma incapacidade desesperante para os trabalhos de casa"[17]. Após a conclusão do noviciado, quando tinha assumido o nome de irmã Teresa Benedita da Cruz, ela recebeu, do Frei Provincial, a ordem de preparar um esboço da sua obra *Ato e Potência*, que foi reformulada para incluir problemáticas teológicas, resultando em *Ser finito e ser eterno. Ensaio de uma ascensão ao sentido*

---

tratados e comentários sobre Aristóteles, a Bíblia, Boécio etc. O pensamento de Santo Tomás está profundamente ligado ao de Aristóteles, que ele, por assim dizer, "cristianiza". Seu papel principal foi o de organizar as verdades da religião e de harmonizá-las com a síntese filosófica de Aristóteles, conciliando a fé e a razão. O conhecimento verdadeiro é uma "adequação da inteligência à coisa", seguindo a inspiração aristotélica (JAPIASSÚ, HILTON; MARCONDES, *Dicionário básico de filosofia*, Rio de Janeiro, Jorge Zahar Editor, 2001).

17. MIRIBEL, ELISABETH DE, *Edith Stein. Como ouro purificado pelo fogo*, Aparecida, Santuário, 2001, 142.

do ser[18]. Certamente não foi fácil conciliar o estudo com o horário do Carmelo. Todos os dias dedica a este estudo uma média de seis horas, que se verão continuamente interrompidas[19].

Em meio ao clima de terror que se instalara na Alemanha, contra os judeus, em virtude da ascensão política de Adolf Hitler, Edith Stein emitiu os votos perpétuos em abril de 1938. Contudo, foi somente em novembro que a superiora do Carmelo percebeu o perigo que Edith Stein estava correndo. Começou, então, a negociação para a transferência da monja de ascendência judaica para o Carmelo de Echt, na Holanda. A transferência se deu à surdina, durante a passagem de ano-novo. Em Echt, Edith Stein aplicou-se ao estudo do holandês e continuou com suas pesquisas, redigindo "em menos de um ano, seu ensaio sobre a vida e a doutrina de São João da Cruz, '*A ciência da cruz*'"[20]. Ela trabalhou nessa obra até ser presa.

Em razão de uma carta pastoral dos bispos da Holanda, lida em todas as igrejas do país, contra a perseguição aos judeus, a polícia nazista determinou que todos os judeus convertidos ao catolicismo, religiosos ou não, seriam presos. Edith Stein estava pronta para o martírio, mas ainda tentou uma transferência para o Carmelo de Lê Pâquier, na Suíça, "devido à proximidade e à língua"[21]. Contudo, em virtude da burocracia, que procurava restringir a entrada de refugiados, ela não conseguiu concluir seu intento. Então, de forma violenta, no dia 2 de agosto de 1942, a polícia de segurança buscou Edith Stein e sua irmã

---

18. STEIN, EDITH, *Endliches und Ewiges Sein. Versuch eines Aufstiegs zum Sinn des Seins*, Edith Stein Gesamtausgabe, Band 11/12, Bearbeitet von Andreas Uwe Müller, 2ª Ausgabe, Freiburg, Verlag Herder, 2016, 576 p.

19. SANCHO FERMÍN, FRANCISCO J., *100 fichas sobre Edith Stein*, Avessadas, Edições Carmelo, 2008 64.

20. FELDMANN, CHRISTIAN, *Edith Stein. Judia, ateia e monja*, Bauru, EDUSC, 2001,171.

21. SANCHO FERMÍN, FRANCISCO J., *100 fichas sobre Edith Stein*, Avessadas, Edições Carmelo, 2008, 89.

Rosa — que também havia se convertido ao catolicismo — no Carmelo de Echt. Foram levadas primeiramente para Hooghalen, onde Stein foi submetida a intermináveis interrogatórios, recebendo o número 44074[22] em sua pele. No dia 7 de agosto, de manhã cedo, puseram-se novamente a caminho. Um comboio levou-as para Auschwitz-Birkenau, um campo construído e ampliado posteriormente para o extermínio de judeus e outros indivíduos (ciganos, homossexuais, doentes psíquicos...). Uma longa viagem, que chegaria ao fim no dia 9[23].

Edith Stein foi morta na câmara de gás nesse mesmo dia, 9 de agosto de 1942, junto com sua irmã Rosa e parte de seu povo. No dia 4 de janeiro de 1962, dom Josef Frings, cardeal de Colônia, abriu oficialmente o processo de beatificação de Edith Stein. Na mesma cidade de Colônia, na Alemanha, ela foi beatificada no dia 1º de maio de 1987, pelo papa São João Paulo II. O mesmo Santo Padre canonizou Edith Stein, em Roma, no dia 11 de outubro de 1998. Ela também foi escolhida, por São João Paulo II, como copadroeira da Europa.

---

22. MIRIBEL, ELISABETH DE, *Edith Stein. Como ouro purificado pelo fogo*, Aparecida, Santuário, 2001, 187.
23. SANCHO FERMÍN, FRANCISCO J., *100 fichas sobre Edith Stein*, Avessadas, Edições Carmelo, 2008, 92.

I
EMPATIA

Percebe se falta algo,
se alguém tem necessidade de ajuda
e intervém para ajustar tudo[1].
SANTA EDITH STEIN

---

1. STEIN, EDITH, *Na força da cruz*, trad. Hermann Baaken, São Paulo, Cidade Nova, ³2007a, 102.

ANÁLISE FENOMENOLÓGICA DA EMPATIA NA PERSPECTIVA DO DESENVOLVIMENTO DE UMA FILOSOFIA DA PESSOA HUMANA[1]

Carlos Vargas
Moisés Rocha Farias

Edith Stein (1891-1942), também conhecida como Santa Teresa Benedita da Cruz, descreveu a sua concepção de empatia na tese de doutorado que defendeu no ano de 1916, em Freiburg, Alemanha, sob orientação de Edmund Husserl. A jovem filósofa alemã utilizou um método de análise da empatia conforme a clarificação fenomenológica que ela havia aprendido com Edmund Husserl. Na biografia de Edith Stein também pode-se identificar que ela passou das reflexões husserlianas sobre lógica para a fenomenologia propriamente dita, aumentando a importância da noção de empatia na sua busca da verdade.

---

1. Este artigo foi publicado inicialmente na revista *Steiniana* do Chile com a seguinte referência: Farias, Moisés Rocha; Vargas, Carlos E. de C., Análise fenomenológica da empatia na perspectiva do desenvolvimento de uma filosofia da pessoa humana, *Revista Steiniana*, Santiago, v. II, n. 2, 2018. Disponível em: <http://revistasteiniana.uc.cl/es/volumenes/steiniana-vol-ii-n-2-2018/66-c-articulos/117-analise-fenomenologica-da-empatia-na-perspectiva-do-desenvolvimento-de-uma-filosofia-da-pessoa-humana>. Acesso em: 26 jan. 2019.

Na obra *Sobre o problema da empatia*², percebe-se que Edith Stein foi além da análise filosófica do ato da "empatia" (*Einfühlung*), aprofundando-se no tema da estrutura subjacente à pessoa humana. A doutora Mary Catharine Baseheart³, no prefácio à terceira edição norte-americana da obra *Sobre o problema da empatia*, já havia alertado sobre a importância da análise do conceito de empatia para a compreensão do "eu", como pessoa, desenvolvida no conjunto da obra de Edith Stein. Contudo, o prefácio citado não se referia à "antropologia filosófica", mas afirma que a tese *Sobre o problema da empatia* "esboça as linhas gerais de sua filosofia da pessoa humana, cujos detalhes ela [Edith Stein] preencherá em investigações posteriores⁴". Por que há esta ligação que parece essencial entre a análise das vivências relacionadas com a empatia e a compreensão da noção de "pessoa humana"? Na tese citada, a jovem filósofa alemã apresentou descrições dos aspectos físicos, psicológicos e espirituais da pessoa humana. Suas reflexões filosóficas podem ser relacionadas com questões antropológicas que foram desenvolvidas nos seus trabalhos posteriores.

Francisco Javier Sancho Fermín⁵ também apresentou algumas análises sobre a importância do estudo acerca da *Empatia* na

---

2. STEIN, EDITH, *Zum Problem der Einfühlung* (Teil II–IV der unter dem Titel: Das Einfühlungsproblem in seiner historischen Entwicklung und in phänomenologischer Betrachtung vorgelegten Dissertation), Referent: Herr Professor Dr. Husserl, Halle: Buchdruckerei des Waisenhauses, 1917, ESW IV, Köln: Karmelitinnenkloster Maria vom Frieden.

3. BASEHEAR, M., On the Problem of Empathy: Foreword to the Third Edition, in: STEIN, EDITH, *On the Problem of Empathy. The Collected Works of Edith Stein*, vol. 3, Third Revised Edition, Translated by Waltraut Stein, Washington, D.C.: ICS Publications: Kluwer Academic Publishers, 1989, ix-xi.

4. Ibidem. No original: *it sketches the broad outlines of her philosophy of the human person, details of which she fills in in subsequent investigations*, tradução livre dos autores.

5. SANCHO FERMÍN, FRANCISCO J., *100 fichas sobre Edith Stein*, Avessadas, Edições Carmelo, 2008, 246 p.

vida e na obra de Edith Stein, extrapolando os limites da teoria do conhecimento e destacando a importância da questão antropológica para a jovem filósofa alemã: "o problema que Edith pretende resolver é o da pessoa como sujeito espiritual. É o fundamento de todas as suas investigações posteriores nas quais o interesse antropológico constitui a sua preocupação primordial"[6].

1. O itinerário de Edith Stein de busca da verdade no desenvolvimento de sua noção de empatia

A obra *Sobre o problema da empatia* corresponde à tese de doutorado defendida por Edith Stein, em 1916, sob orientação de Edmund Husserl, na Universidade de Freiburg. A obra foi publicada pela primeira vez em Halle, em 1917. O título original da tese era *O problema da empatia em seu desenvolvimento histórico e em sua consideração fenomenológica*[7]. Na publicação de 1917, disponibilizada pelo Arquivo Edith Stein, organizado pelo Carmelo de Colônia[8], Alemanha, não consta o primeiro capítulo da tese original.

Quando Edith Stein pensava em fenomenologia, 100 anos atrás, ela tinha em mente a obra que Edmund Husserl havia publicado mais recentemente: *Ideias para uma fenomenologia pura e filosofia fenomenológica, primeiro livro: introdução geral à fenomenologia pura*[9] (*Ideen I*), a qual seria publicada como o volume Hua

---

6. Idem, 99.
7. STEIN, EDITH, *Zum Problem der Einfühlung* (Teil II–IV der unter dem Titel: Das Einfühlungsproblem in seiner historischen Entwicklung und in phänomenologischer Betrachtung vorgelegten Dissertation), Referent: Herr Professor Dr. Husserl, Halle, Buchdruckerei des Waisenhauses, 1917, ESW IV, Köln: Karmelitinnenkloster Maria vom Frieden.
8. Em alemão, esse mosteiro carmelita é chamado de *Karmel Maria vom Frieden, Köln*.
9. HUSSERL, EDMUND, *Ideen zu einer reinen Phänomenologie und phänomenologischen Philosophie*, Erstes Buch, Allgemeine Einführungin die reine Phä-

III/1 da coleção *Husserliana* (*Hua*). Outra referência fundamental para o estudo fenomenológico da filósofa, como ela ainda citaria em estudos posteriores[10], era o segundo volume da obra *Investigações lógicas*[11], que Husserl havia publicado originalmente em Halle, no ano de 1901.

Edith Stein já havia conhecido a obra de Husserl em 1912, na Universidade de Breslau, sua cidade natal. Naquela ocasião, a jovem estudante utilizou o segundo volume da obra *Investigações lógicas* para preparar uma apresentação na disciplina de introdução à psicologia[12], ministrada por Wilian Stern (1871-1938). Buscando um conhecimento mais profundo do ser humano, em abril de 1913 Edith Stein afastou-se de Breslau e da psicologia experimental, mudando-se para Göttingen, onde poderia frequentar os seminários de filosofia ministrados por *Herr Professor*, Edmund Husserl. Naquela ocasião, Adolf Reinach (1883-1917) era o doutor assistente de Husserl e ajudou a jovem estudante nessa adaptação, tendo ministrado um curso de introdução à filosofia[13].

O ano de 1913, quando Edith Stein mudou-se para Göttingen, foi especialmente marcante para o movimento fenomenológico, em virtude da publicação da obra *Ideen I*, que foi tema dos

---

nomenologie 1. Halbband, Text der 1.-3, Auflage-Nachdruck. Hrsg. von K. Schuhmann, Den Haag, Martinus Nijhoff, 1976, Hua III/1.

10. STEIN, EDITH, Estructura de la persona humana, in: ID., *Obras completas*, vol. IV, Escritos Antropológicos y Pedagógicos, Magisterio de vida cristiana, 1926-1933, org.: Julen Urquiza y Francisco Javier Sancho, Madrid, Monte Carmelo-Burgos, El Carmen, De Espiritualidad, 2003a 590.

11. HUSSERL, EDMUND, *Logische Untersuchungen*, Zweiter Band, Erster Teil, Untersuchungen zur Phänomenologie und Theorie der Erkenntnis, in: Zwei Bänden, Hrsg, von Ursula Panzer, Den Haag, Martinus Nijhoff, 1984, Hua XIX/1.

12. STEIN, EDITH, *Vida de uma família judia e outros escritos autobiográficos*, trad. Maria do Carmo V. Wollny; Renato Kirchner, rev. Juvenal Savian Filho, São Paulo, Paulus, 2018. Coleção Obras de Edith Stein.

13. Ibidem.

estudos daquele grupo de filósofos que se reunia semanalmente na casa onde morava a família formada por Edmund e Malvina Charlotte Steinschneider Husserl (1870-1960). A professora Ales Bello também enfatizou a compreensão da fenomenologia como uma "escola filosófica", mais do que mera "corrente filosófica": "entre o mestre e os discípulos havia relacionamentos de amizade cotidianos [...] os encontros aconteciam também na casa em que residia e não apenas na Universidade"[14].

A "escola fenomenológica"[15], como um "movimento intelectual", teve um desenvolvimento significativo no período em que Husserl esteve em Göttingen, entre 1901 e 1916[16]. Foi justamente no período de Göttingen que Edmund Husserl passou a "ser considerado a figura principal na fenomenologia"[17]. Em Göttingen, o movimento fenomenológico incluiu Edith Stein e outros filósofos como Hedwig Conrad-Martius (1888-1966), Theodor Conrad (1857-1915), Roman Ingarden (1893-1970), Dietrich von Hildebrand (1889-1977), Hans Lipps (1889-1941), Fritz Kaufmann (1891-1958) e Adolf Reinach. Max Scheler (1874-1928) não morava em Göttingen, mas foi convidado pelo grupo dos seguidores para ministrar algumas conferências naquela "sociedade filosófica", ajudando a jovem filósofa a mudar sua atitude intelectual em relação à religião[18].

---

14. ALES BELLO, ANGELA, *Fenomenologia e ciências humanas. Psicologia, história e religião*, trad. Miguel Mahfoud; Marina Massimi, Bauru, EDUSC, 2004, 65.
15. VARGAS, CARLOS E. DE C., *Origens da fenomenologia. O desenvolvimento inicial da filosofia de Edmund Husserl*, Rio de Janeiro, Multifoco, 2018.
16. VARGAS, CARLOS E. DE C., *A concepção de probabilidade a partir da crítica de Husserl ao psicologismo lógico*, Tese de Doutorado em Filosofia, Curitiba, Pontifícia Universidade Católica do Paraná, 2015, 420 s.
17. NENON, THOMAS, Edmund Husserl, in: ANSELL-PEARSON, KEITH; SCHRIFT, ALAN D., *The new century. Bergsonism, Phenomenology, and Responses to Modern Science*, v. 3, The History of Continental Philosophy, Chicago, The University of Chicago Press, 2010, 157. No original: *be regarded as the leading figure in phenomenology*, tradução livre dos autores.
18. SANCHO FERMÍN, FRANCISCO J., *100 fichas sobre Edith Stein*, Avessadas, Edições Carmelo, 2008, 20.

O filósofo Jitendra Mohanty[19] apresentou uma classificação da obra de Husserl, dividindo sua biografia em quatro partes, as quais fazem referência a três cidades em que Husserl viveu e lecionou (Halle, Göttingen e Freiburg), acrescentando um período relacionado à sua aposentadoria. Essa divisão das fases da filosofia husserliana também enfatiza a importância da formação da "escola fenomenológica"[20]: "Husserl começou a ensinar em Halle [...], depois foi convidado a lecionar em Göttingen [...] e se transferiu posteriormente para Freiburg, na Alemanha, onde permaneceu até a morte, em 1938"[21].

Quando Edmund Husserl assumiu um cargo em Freiburg, Edith Stein tornou-se sua assistente. A filósofa alemã teve grande familiaridade com o pensamento de seu professor, chegando a trabalhar na edição de *Ideias para uma fenomenologia pura e para uma filosofia fenomenológica, segundo livro: investigações fenomenológicas sobre constituição*[22]. A ideia de fazer uma tese de doutorado sobre empatia tinha surgido a partir das aulas de Edmund Husserl em Göttingen, quando o professor ensinava sobre o tema da natureza e do espírito, em 1913. Tratava-se de investigações que visavam fundamentar as ciências do espírito e da natureza. O professor enfatizou a importância da experiência dos outros em relação ao mundo exterior e à intersubjetividade, envolvendo o intercâmbio de experiências cognitivas dos indivíduos.

---

19. MOHANTY, JITENDRA N., The development of Husserl's thought, in: SMITH, BARRY; SMITH, DAVID W. (org.), *The Cambridge Union to Husserl*, Cambridge, Cambridge University Press, 1995, 45-77.

20. VARGAS, CARLOS E. DE C., *Origens da fenomenologia. O desenvolvimento inicial da filosofia de Edmund Husserl*, Rio de Janeiro, Multifoco, 2018.

21. ALES BELLO, ANGELA, *Fenomenologia e ciências humanas. Psicologia, história e religião*, trad. Miguel Mahfoud; Marina Massimi, Bauru, EDUSC, 2004, 64.

22. HUSSERL, EDMUND, *Ideen zur einer reinen Phänomenologie und phänomenologischen Philosophie*, Zweites Buch: Phänomenologische Untersuchungen zur Konstitution, Hrsg. von Marly Biemel, Den Haag, Martinus Nijhoff, 1952, Hua IV.

Husserl já indicara que, entre todas as vivências da nossa consciência, é possível distinguir um modo particular do "sentir", a empatia (*Einfühlung*), que permite captar o outro em sua peculiaridade — e, portanto, em sua distinção das coisas e dos animais —, justamente na medida em que se estabelece entre os seres humanos uma compreensão recíproca baseada no reconhecimento de uma profunda semelhança, que permite a possibilidade da comunicação e, portanto, todo laço intersubjetivo[23].

Edith Stein[24] assumiu o desafio de tentar compreender em que consistia essa vivência da empatia citada por Edmund Husserl[25]. Se Stein, com toda a sua originalidade filosófica e espiritual, deve algo a Husserl, observe-se que a noção de empatia é anterior ao autor de *Ideen I*. Dermot Moran[26] refere-se a reflexões filosóficas anteriores que também podem ser associadas ao problema da empatia. No século XVIII, os moralistas britânicos, como Francis Hutcheson (1694-1746), David Hume (1711-1776), Anthony Shaftesbury (1671-1713) e até mesmo Adam Smith (1723-1790), discutiam sobre ética utilizando o conceito de "simpatia" (*sympathy*) para explicar os fundamentos das experiências morais e estéticas.

A palavra alemã *Einfühlung* foi cunhada por Theodor Lipps (1851-1914) a partir do termo grego *empatheia*, referindo-se ao

---

23. ALES BELLO, ANGELA, Edith Stein (1891-1942). Filosofia e cristianismo, in: PENZO, GIORGIO; GIBELLINI, ROSINO (org.), *Deus na filosofia do século XX*, trad. Roberto L. Ferreira, São Paulo, Loyola, 1998, 313.

24. STEIN, EDITH, *Vida de uma família judia e outros escritos autobiográficos*, trad. Maria do Carmo V. Wollny; Renato Kirchner, rev. Juvenal Savian Filho, São Paulo, Paulus, 2018. Coleção Obras de Edith Stein.

25. SANCHO FERMÍN, FRANCISCO J., *100 fichas sobre Edith Stein*, Avessadas, Edições Carmelo, 2008.

26. MORAN, DERMOT, The Problem of Empathy: Lipps, Scheler, Husserl and Stein, in: KELLY, THOMAS A.; ROSEMANN, PHILLIP W., *Amor Amicitiae. On the Love that is Friendship, Essays in Medieval Thought and Beyond in Honor of the Rev. Professor James McEvoy*, Leuven, Peeters, 2004, 269-271.

ato de sentir ou refletir sobre as experiências alheias[27]. No contexto dos psicologistas alemães, entre o século XIX e XX, o termo *Einfühlung*, alternado com o antigo conceito de "Simpatia" (*Sympathie*) foi utilizado em discussões éticas e psicológicas, que envolveram pensadores como Benno Erdmann (1851-1921), Hugo Minsterberg (1863-1916), Stephan Witasek (1870-1915), Oswald Külpe (1862-1915) e até mesmo Alexius Meinong (1853-1920). No contexto do movimento fenomenológico, o tema da empatia também foi tratado por filósofos como Max Scheler, Moritz Geiger (1880-1947) e, principalmente, Theodor Lipps, cujo nome aparece mais de 20 vezes na tese de Edith Stein. A jovem filósofa alemã dedica uma seção do capítulo sobre "a essência da empatia"[28] da sua tese para discutir as demais concepções de empatia[29].

Edmund Husserl[30] iniciou sua reflexão sobre a empatia em suas lições a respeito da "teoria do juízo" (*Urteilstheorie*), em 1905, dialogando com a obra de Theodor Lipps, filósofo e psicólogo alemão, professor na Universidade de Munique. Em sua obra, Lipps tratou de temas variados, como lógica, psicologia, arte e estética. Na história da psicologia, ficou conhecido pela sua concepção de "psicologia aperceptiva" ou "psicologia pura". Johán Vicente Viqueira[31] (1886-1924), em sua obra sobre a "psicologia contemporânea", inclui Lipps no capítulo sobre a "psicologia introspectiva", fazendo relações com Franz Brentano (1838-1917).

---

27. Idem, 270.
28. STEIN, EDITH, *Zum Problem der Einfühlung* (Teil II–IV der unter dem Titel, Das Einfühlungsproblem in seiner historischen Entwicklung und in phänomenologischer Betrachtung vorgelegten Dissertation), Referent: Herr Professor Dr. Husserl, Halle, Buchdruckerei des Waisenhauses, 1917, ESW IV, Köln: Karmelitinnenkloster Maria vom Frieden 8-36. No original: *Das Wesen der Einfühlungsakte*, tradução livre dos autores.
29. Idem, 15-22.
30. HUSSERL, EDMUND, *Urteilstheorie. Vorlesung 1905*, Hrsg. von Elisabeth Schuhmann, Dordrecht, Kluwer Academic Publishers, 2002, Hua Mat V.
31. VIQUEIRA, JOHÁN, *La psicología contemporánea*, Barcelona, Editorial Labor, 1937.

O *Manual de Psicologia*, de Theodor Lipps[32], publicado originalmente em 1903, utiliza a palavra "empatia" (*Einfühlung*) mais de 100 vezes, tendo um capítulo[33] sobre esse tema na seção sobre "conhecimento e erro", em que analisa a empatia como uma "fonte de conhecimento" (*Erkenntnisquellen*).

Observe-se que Theodor Lipps teve uma influência importante no início do movimento fenomenológico[34], pois "os primeiros e principais fenomenólogos de Munique foram seus discípulos"[35]. Entre os fenomenólogos que foram alunos de Lipps, podem-se citar Alexander Pfänder (1870-1941), Adolf Reinach, Johannes Daubert (1877-1947), Theodor Conrad e Moritz Geiger. António Fidalgo (1956-)[36] apresentou um estudo sobre a influência de Lipps no movimento fenomenológico, incluindo a relação entre filosofia e psicologia, o método da auto-observação, comparações de Lipps com a Escola de Brentano e a questão da resposta de Lipps às críticas elaboradas por Husserl, nos *Prolegômenos à lógica pura*[37].

Dermot Moran[38] destacou a influência, sobre Edmund Husserl, do *Manual de Psicologia* de Theodor Lipps[39], que se tornou uma

---

32. LIPPS, THEODOR, *Leitfaden der Psychologie*, Dritte, teilweise umgearbeitete Auflage, Leipzig, Verlag von Wilhelm Engelmann, 1909.
33. Idem, 222-240.
34. SCHUHMANN, KARL, *Husserl-Chronik*, Denk und Lebensweg Edmund Husserls. Husserliana – Dokumente, Band I, Dordrecht, Martinus Nijhoff, 1981, 159.
35. FIDALGO, ANTÓNIO, *O realismo da fenomenologia de Munique*, Covilhã, LusoSofia Press, 2011, 34.
36. Idem, 33-144.
37. HUSSERL, EDMUND, *Logische Untersuchungen*, Erster Teil, Prolegomena zur reinen Logik, Text der 1. und der 2, Auflage, Hrsg. von Elmar Holenstein, Den Haag, Martinus Nijhoff, 1975, Hua XVIII.
38. MORAN, DERMOT, The Problem of Empathy: Lipps, Scheler, Husserl and Stein, in: KELLY, THOMAS A.; ROSEMANN, PHILLIP W., *Amor Amicitiae. On the Love that is Friendship, Essays in Medieval Thought and Beyond in Honor of the Rev. Professor James McEvoy*, Leuven, Peeters, 2004, 277.
39. LIPPS, THEODOR, *Leitfaden der Psychologie*, Dritte, teilweise umgearbeitete Auflage, Leipzig, Verlag von Wilhelm Engelmann, 1909.

referência clássica na discussão sobre a *empatia*. Edmund Husserl[40] critica Lipps nos *Prolegômenos à lógica pura*, mas também o cita em seus estudos sobre intersubjetividade[41]. Durante mais de 30 anos, de 1905 a 1938, Edmund Husserl continuou refletindo sobre o tema da empatia no decorrer de sua obra[42], questionando-se sobre o conhecimento do outro em suas reflexões sobre a objetividade e, principalmente, sobre a intersubjetividade[43].

2. Sobre o problema da empatia

A obra que Edith Stein publicou em 1917 sobre a empatia começa com a análise da essência dos atos de empatia e problematiza os possíveis métodos de investigação. A autora compara a empatia com outros atos visando a sua essência. No início do trabalho, Edith Stein[44] oferece uma definição geral de empatia como "experiência da consciência alheia em geral"[45]. Na

---

40. HUSSERL, EDMUND, *Logische Untersuchungen*, Erster Teil, Prolegomena zur reinen Logik, Text der 1. und der 2. Auflage. Hrsg. von Elmar Holenstein, Den Haag, Martinus Nijhoff, 1975, Hua XVIII.

41. HUSSERL, EDMUND, *Zur Phänomenologie der Intersubjektivität*, Texte aus dem Nachlass, Erster Teil, 1905-1920, Hsg. Von Iso Kern, Den Haag, Martinus Nijhoff, 1973b, Hua XIII.

42. MORAN, DERMOT, The Problem of Empathy: Lipps, Scheler, Husserl and Stein, in: KELLY, THOMAS A.; ROSEMANN, PHILLIP W., *Amor Amicitiae. On the Love that is Friendship, Essays in Medieval Thought and Beyond in Honor of the Rev. Professor James McEvoy*, Leuven, Peeters, 2004, 290-301.

43. VARGAS, CARLOS E. DE C., *Origens da fenomenologia. O desenvolvimento inicial da filosofia de Edmund Husserl*, Rio de Janeiro, Multifoco, 2018.

44. STEIN, EDITH, *Zum Problem der Einfühlung* (Teil II–IV der unter dem Titel: Das Einfühlungsproblem in seiner historischen Entwicklung und in phänomenologischer Betrachtung vorgelegten Dissertation), Referent: Herr Professor Dr. Husserl, Halle, Buchdruckerei des Waisenhauses, 1917, ESW IV, Köln, Karmelitinnenkloster Maria vom Frieden, 15.

45. Ibidem. No original: *Erfahrung von fremdem Bewußtsein überhaupt*, tradução livre dos autores.

sequência, Stein[46] apresenta uma perspectiva crítica em relação aos outros filósofos que trataram o tema da empatia, especialmente Max Scheler e Theodor Lipps. A filósofa alemã destaca a diferença da abordagem fenomenológica da empatia em relação aos possíveis instrumentais psicológicos.

Para Edith Stein, a empatia é especialmente importante para a compreensão das pessoas espirituais, destacando o papel da concepção de empatia para as "ciências do espírito". Para a autora, a empatia é uma condição de possibilidade da constituição da pessoa. A obra *Sobre o problema da empatia* problematiza a relação entre empatia e a antropologia filosófica, refletindo sobre temas como consciência, "eu puro", corpo, vontade, sentimentos etc. Edith Stein também considera, em sua obra, as condições de possibilidade da empatia como a intersubjetividade e os sentimentos. No final, a fenomenóloga alemã enfrenta alguns enganos filosóficos relacionados com a empatia e oferece correções.

Na tese *Sobre o problema da empatia*, Edith Stein inicia sua investigação sobre a empatia a partir da constatação indubitável do fenômeno da "vida psíquica alheia". A importância dessa afirmativa é justamente a supressão de todas as abstrações que possam comprometer o resultado, passando assim a estabelecer essa verdade como princípio de sua pesquisa. Este ser "alheio" (*fremdem*), como ela denomina, nada mais é que um outro eu, que tem por sua vez a mesma estrutura que a minha, com diversas vivências. É sobre essas realidades que se estabelece a questão da empatia.

Todos esses dados relativos à experiência vivida alheia remetem a um tipo de atos nos quais é possível colher a experiência vivida alheia. A partir desses atos, constitui-se esse conhecimento particular que indicamos com o termo "empatia". A filósofa se propõe a descrever de que forma esses atos empáticos se dão, bem

---

46. Idem, 15-22.

como sua distinção de outras vivências. Conforme Edith Stein, a empatia é diferente da "percepção externa"[47]. Por percepção externa devemos compreender a sensação. No caso da empatia, a percepção externa é a percepção de uma expressão de dor ou alegria que o ser alheio manifesta. A empatia é a apreensão da dor ou alegria em si, e não uma percepção da manifestação do sentimento do indivíduo. A empatia também difere da recordação, da espera, e da fantasia, pois, na empatia, é o próprio indivíduo que vivencia o conteúdo vivenciado pelo outro.

O intento de Edith Stein não é outro senão descrever a experiência do alheio de uma forma geral. Isso nos coloca diante da constituição do indivíduo, com toda a problemática antropológica relacionada. Para a filósofa alemã, a empatia é a tomada de consciência do outro como semelhante a mim bem como de suas vivências interiores. Não há uma completa coincidência entre o eu empático e o sentimento alheio. Com essa afirmação, ela quer resguardar a unicidade do indivíduo, que é fundamental para sua realização como pessoa humana.

Uma das relações que podemos estabelecer com a empatia é o consentimento, já que, por exemplo, a alegria do outro, que eu apreendo empaticamente e que eu posso consentir, pode ser mais intensificada ou não. O que devemos perceber é que a vivência empática é anterior ao consentir ou não consentir. Há também a vivência da "empatia negativa"[48], que é quando estamos diante de outro eu, que numa alegria originária comunica sua vivência, mas, por qualquer outro motivo, o meu "eu" está mergulhado numa vivência de melancolia. Nesse caso, apesar de apreender a alegria do outro, estabeleço barreiras para que essa alegria não produza em mim uma "alegria originária", que Stein denomina como "empatia negativa".

---

47. Idem, 10. No original: *äußere Wahrnehmung*, tradução livre dos autores.
48. Idem, 18. No original: *Negative Einfühlung*, tradução livre dos autores.

A empatia é uma posse do conhecimento da vivência do outro. Não devemos entender como posse de algo que eu domino no outro. Diferente disso, a empatia é conhecimento da essência da experiência vivida pelo outro. A apreensão do objeto da vivência do outro é o momento em que se estabelece o ato empático, e as ações e reações que ocorrem a partir do estabelecimento deste ato não fazem mais parte da empatia, pois esta já ocorreu. Edith Stein explica que a empatia também não pode ser entendida como resultado de uma associação de atos psicofísicos[49]. Sendo assim, a teoria associativa[50] não estabelece a gênese da ação empática, como a filósofa alemã explicou na quinta seção do segundo capítulo de sua tese[51].

Outra distinção que devemos fazer é entre a percepção interna e a empatia, pois, comumente, sua aproximação vivencial favorece o engano de se igualar seus conceitos de maneira errônea. Também existe a percepção interna que Edith Stein denominou "intuição interna". Para melhor esclarecer, vamos então apresentar suas distinções, que consistem no núcleo originário ou não originário. Na vivência empática, o ato se dá primeiro como não originário, já que a vivência não se inicia no meu eu e apreendo a vivência do outro, que produz, em seguida, um ato originário no meu eu (co-originário). Coisa diversa acontece na vivência da "intuição interna", pois é meu eu o originário da vivência.

---

49. Farias, Moisés Rocha, *A empatia como condição de possibilidade para o agir ético*, Dissertação, Fortaleza, Universidade Estadual do Ceará, 2013, 32, 97 f.
50. Stein, Edith, *Zum Problem der Einfühlung* (Teil II–IV der unter dem Titel: Das Einfühlungsproblem in seiner historischen Entwicklung und in phänomenologischer Betrachtung vorgelegten Dissertation), Referent: Herr Professor Dr. Husserl, Halle, Buchdruckerei des Waisenhauses, 1917, ESW IV, Köln: Karmelitinnenkloster Maria vom Frieden 27. No original: *Die Assoziationstheorie*, tradução livre dos autores.
51. Idem, 24-29.

3. Da análise da empatia à estrutura da pessoa humana

A análise da empatia também possui a sua importância na compreensão da constituição da pessoa humana. O desenvolvimento de uma antropologia filosófica inspirada no pensamento de Edith Stein passa pela compreensão da empatia como algo constitutivo do ser humano. A capacidade de vivenciar a empatia, ou a potência empática, não é algo específico de um ou outro indivíduo, como uma exclusividade subjetiva, mas é uma vivência universal. A clarificação dessa problemática passa pela compreensão filosófica do indivíduo e sua constituição.

Depois do capítulo sobre a essência do ato da empatia, Edith Stein passa para a sua análise da constituição do indivíduo psicofísico[52]. Nesse terceiro capítulo da tese, Edith Stein enfrenta vários temas antropológicos. Podemo-nos perguntar: por que a análise da essência da empatia está relacionada com temas fundamentais da antropologia filosófica? Pelo menos, foi esse o caminho que a jovem filósofa escolheu para desenvolver sua pesquisa fenomenológica sobre a empatia.

Na tese *Sobre o problema da empatia*, Edith Stein trata de questões como "o puro eu"[53] e o "fluxo de consciência"[54]. Outro tema importante na tese steiniana sobre empatia é a relação entre "o eu e o corpo vivo"[55], que inclui a relação do "corpo vivo" com "os sentimentos" (*Gefühle*), com a "alma" (*Seele*) e com a "vontade" (*Wille*). O ser humano não pode ser visto como mera psique, nem apenas como "matéria". Este corpo tem algo além do material, que é uma alma, uma psique[56]. A análise da dimen-

---

52. Idem, 37-77. No original: *Die Konstitution des psychophysischen Individuums*, tradução livre dos autores.
53. Idem, 37. No original: *Das reine Ic*, tradução livre dos autores.
54. Idem, 38. No original: *Der Bewußtseinsstrom*, tradução livre dos autores.
55. Idem, 40. No original: *Ich und Leib*, tradução livre dos autores.
56. Farias, Moisés Rocha, *A empatia como condição de possibilidade para o agir ético*, Dissertação, Fortaleza, Universidade Estadual do Ceará, 2013, 38, 97 f.

são do "corpo próprio" mostrou-se esclarecedora para a compreensão da empatia buscada por Edith Stein.

Pela capacidade dos órgãos dos sentidos, podem-se mensurar as coisas, os objetos que estão ao alcance, seja pelo tato, visão ou audição. Contudo, esses resultados da percepção não ficam limitados a uma informação somente. Quando vemos um pôr do sol, que é captado pela visão, ele não é um mero movimento solar. Esse fenômeno pode trazer inúmeras outras reações: de encantamento, de emoção etc. Quando escuto uma música, meu aparelho auditivo vai captar o som independentemente do instrumento musical. Por exemplo: sendo eu só corpo, não teria a capacidade ou condição de ver, nesse som, motivações para gerar, no meu interior, alegria ou emoção. É justamente nesse interior que reage à informação percebida que podemos identificar algo vivo. É um corpo, mas um corpo vivo, que eu sei que não é o meu próprio corpo[57].

Essa relação, descrita acima, entre o conteúdo da percepção e a reação no meu interior, pode ser chamada de "sensação". Ora, não podemos deixar de evidenciar que um corpo sem vida, um cadáver, não tem "sensações"[58]. Na sua tese sobre empatia, Edith Stein analisa a relação das sensações com os sentimentos. A jovem filósofa oferece exemplos, como as sensações de comer algo "saboroso"[59] ou de sofrer "uma dor sensível"[60].

Para Edith Stein, as sensações não são um ir ao objeto. Contudo, as sensações também não estão no corpo como algo físico.

---

57. Ibidem.
58. STEIN, EDITH, *Zum Problem der Einfühlung* (Teil II-IV der unter dem Titel: Das Einfühlungsproblem in seiner historischen Entwicklung und in phänomenologischer Betrachtung vorgelegten Dissertation), Referent: Herr Professor Dr. Husserl, Halle, Buchdruckerei des Waisenhauses, 1917, ESW IV, Köln: Karmelitinnenkloster Maria vom Frieden, 46. No original: *Empfindung*, tradução livre dos autores.
59. Ibidem. No original: *wohlschmeckenden*, tradução livre dos autores.
60. Ibidem. No original: *eines sinnlichen Schmerzes*, tradução livre dos autores.

Cada "sensação" é um "onde", termo usado pela filósofa alemã, pois, se colocarmos um cadáver num *freezer*, ele não sentirá frio, apesar de ser um corpo. Portanto, é a vitalidade sensorial ativa, encontrada no "corpo vivo", que podemos denominar de unidade do meu "corpo próprio". Este "onde", que não é uma localização geométrica, é o referencial do meu "corpo próprio", assumindo duas dimensões no meu eu: a primeira é sua relação com o externo e, a segunda, sua relação interna ou sensorial[61].

Além da capacidade passiva do "corpo próprio", referente às percepções que chegam a ele, há uma outra esfera, que é a capacidade ativa do "corpo próprio". Todas as outras coisas estão fora de mim de forma diversa, agrupadas com sua mutabilidade própria não só de localização, bem como de estado. Contudo, o meu corpo, pela sua forma ativa, pode aproximar-se deste objeto e não daquele. Outra possibilidade é estar aqui e ser levado pelo meu pensamento à minha casa paterna, ao meu escritório e a diversos lugares. Mesmo meu corpo estando parado, minha atividade reflexiva pode "me levar", e, nessa atividade, poderei tornar presentes as vivências anteriores ou hipotéticas. O que se quer dizer com isso é que o "corpo próprio" tem a capacidade de ativar suas ações, não se limitando estritamente ao corpo físico. A outra relação que devemos analisar é "o corpo próprio e os sentimentos"[62], visto que esses são vivenciados como consequências diretas das sensações corporais.

Na sua tese sobre empatia, Edith Stein explica os sentimentos comuns, subdividindo-os em dois. Por um lado, ela se refere

---

61. FARIAS, MOISÉS ROCHA, *A empatia como condição de possibilidade para o agir ético*, Dissertação, Fortaleza, Universidade Estadual do Ceará, 2013, 38-39, 97 f.

62. STEIN, EDITH, *Zum Problem der Einfühlung* (Teil II–IV der unter dem Titel: Das Einfühlungsproblem in seiner historischen Entwicklung und in phänomenologischer Betrachtung vorgelegten Dissertation), Referent: Herr Professor Dr. Husserl, Halle, Buchdruckerei des Waisenhauses, 1917, ESW IV, Köln: Karmelitinnenkloster Maria vom Frieden, 46. No original: *Der Leib und die Gefühle*, tradução livre dos autores.

aos sentimentos de natureza não corporal, que são os estados de ânimo, como a alegria e a melancolia; por outro lado, ela trata dos sentimentos de natureza corporal, como, por exemplo, o cansaço. Exemplificando: eu posso estar diante de uma situação que me moveria à alegria, mas, em virtude de meu cansaço, aquilo não gera em mim o contentamento esperado. É preciso perceber que esses dois níveis de sentimentos são originariamente distintos, pois um tenho-o no corpo e o outro, na alma, ou na psique[63].

Os sentimentos são atividades carregadas de certa energia, que, por sua vez, deverão ser descarregadas motivando vontades e ações. É nesse ponto que passamos à análise dos fenômenos das expressões decorrentes dos sentimentos, que não são somente efeitos do psíquico no físico, mas exercem um novo fenômeno provindo dessa "energia", em ações deliberadas pelo meu "eu", as quais chamamos de "expressão" (*Ausdruck*).

A expressão propriamente dita não é necessariamente uma "causalidade psicofísica"[64], tendo em vista as inúmeras possibilidades expressivas de um determinado sentimento. O que devemos entender é que há uma expressão para o sentimento, mesmo que essa expressão não seja correlata a ele. Exemplifiquemos: se meu chefe me faz sentir uma raiva tão intensa que fico com vontade de reagir violentamente, posso até ficar "vermelho de raiva". Contudo, considero minha necessidade de trabalhar, me contenho e não manifesto essa "ira" (*Zorn*). Vemos agora com maior clareza os três elementos: o sentimento, sua ação física e a expressão. Não somente sinto como o sentimento flui na ex-

---

63. FARIAS, MOISÉS ROCHA, *A empatia como condição de possibilidade para o agir ético*, Dissertação, Fortaleza, Universidade Estadual do Ceará, 2013, 40, 97 f.

64. STEIN, EDITH, *Zum Problem der Einfühlung* (Teil II–IV der unter dem Titel: Das Einfühlungsproblem in seiner historischen Entwicklung und in phänomenologischer Betrachtung vorgelegten Dissertation), Referent: Herr Professor Dr. Husserl, Halle, Buchdruckerei des Waisenhauses, 1917, ESW IV, Köln: Karmelitinnenkloster Maria vom Frieden, 17. No original: *psychophysische Kausalität*, tradução livre dos autores.

pressão e "se descarrega", mas a própria expressão me vem dada em uma percepção corporal[65].

Na análise da empatia, considerando a unidade psicofísica do ser humano, Edith Stein reconhece outro aspecto, que é a "vontade" (*Wille*). Assim como o sentimento, a vontade não é fechada em si mesma, mas produz uma ação ou ato da vontade. Quando estamos refletindo sobre uma tomada de decisão e analisamos os pormenores a favor e contra, chegamos a uma determinada decisão. Tal decisão pode ser tomada de forma interior, mas, uma vez tomada, ela exerce um desencadeamento de ações para efetivar o que antes foi decidido.

A determinação da vontade vai motivar todo meu físico e psíquico em função da meta determinada. Por vários motivos, o nosso físico pode cansar ou desistir, mas é a vontade que determina superar ou não o limite. Quando vemos um atleta no esgotamento físico e, mesmo assim, ele insiste em terminar a competição, existe aí uma ação da vontade. Quando um dependente de drogas, lícitas ou ilícitas, passa por seu processo de recuperação, ele pode sentir um impulso físico contra sua determinação. Contudo, a "força de vontade", como o senso comum nomeia, pode determinar sua ação[66].

Depois de analisar a vontade, seguindo os ensinamentos de Edith Stein[67], podemos chegar a uma primeira conclusão a respeito desse ser psicofísico possuidor de uma alma e um corpo. Esse "corpo próprio" tem suas vivências, incluindo os sentimentos. Esses, por sua vez, produzem ações e reações que denominamos expressões. Por fim, identificamos a vontade como ordena-

---

65. Farias, Moisés Rocha, *A empatia como condição de possibilidade para o agir ético*, Dissertação, Fortaleza, Universidade Estadual do Ceará, 2013, 41, 97 f.

66. Ibidem.

67. Stein, Edith, *Zum Problem der Einfühlung* (Teil II–IV der unter dem Titel: Das Einfühlungsproblem in seiner historischen Entwicklung und in phänomenologischer Betrachtung vorgelegten Dissertation), Referent: Herr Professor Dr. Husserl, Halle, Buchdruckerei des Waisenhauses, 1917, ESW IV, Köln: Karmelitinnenkloster Maria vom Frieden.

dora desse "corpo próprio". Toda essa análise estrutural foi feita mediante o meu "eu", mas como fica essa transição para outro indivíduo? Esse tema é fundamental na análise da empatia.

Um aspecto que se manifesta é a possibilidade de livre movimento do "corpo alheio". Esses movimentos não devem ser vistos como meramente mecânicos. Edith Stein[68] distingue o movimento "mecânico" (*mechanischer*) do movimento "animado" (*lebendiger*). O movimento do corpo vivo é entendido como animado justamente por se tratar de um "corpo próprio", que, através do seu movimento, expressa uma "vivência".

Outro fenômeno constitutivo do "corpo alheio" é a "causalidade" (*Kausalität*) na estrutura do indivíduo, o qual está sujeito às leis da física, mas não está restrito a essa dimensão física. Esse indivíduo pode exercer uma ação ou sofrer uma ação do mundo que o cerca. Há uma relação recíproca entre os aspectos psíquicos e físicos. Essa causalidade psíquica pode estar relacionada não só com o presente, mas também com o futuro. Contudo, não há uma necessidade condicionante, pois cada vivência é uma ação do indivíduo particular e diz respeito à vida individual. Uma tomada de decisão no presente pode ter seu efeito com o passar dos anos. Contudo, devemos deixar claro que não há uma ação determinante, isto é, uma vivência no passado jamais poderá determinar minha vivência atual, considerando a soberania da vontade psíquica sobre o indivíduo psicofísico[69].

O "corpo alheio" também possui a sua importância para a constituição do meu "eu individual". Ao percebermos interiormente nosso eu anímico, com suas qualidades e defeitos, podemos ter uma ideia de como os outros nos veem. A superação de minhas atitudes ingênuas em face de minhas vivências e dos demais indivíduos me leva a assumir novos objetos de reflexão. Com essa mudança de postura intelectual, passa-se a apreender o real

---

68. Idem, 59.
69. FARIAS, MOISÉS ROCHA, *A empatia como condição de possibilidade para o agir ético*, Dissertação, Fortaleza, Universidade Estadual do Ceará, 2013, 44, 97 f.

sentido da vivência, o que é de fundamental importância para o desenvolvimento de cada indivíduo como pessoa.

De forma diferente, se dá a apreensão das vivências do outro. A apreensão de uma outra pessoa não se dá de maneira originária, a qual já se põe como objeto, aparecendo como um corpo físico fora do meu ponto referencial de localização, que é o meu próprio corpo. Há aqui uma compreensão daquilo que é alheio. Com minhas atitudes reflexivas, obtenho a imagem que o outro tem de mim. O outro ajuda a mostrar quem eu sou. Por que isso acontece? Porque o outro é um indivíduo entre tantos que podem ter outras visões a meu respeito e, dessa forma, o "eu" vai assumindo seu ser em relação ao contato com os outros. Aqui não é uma relação determinante, mas podemos dizer que é "de auxílio", pois o outro não determinará a minha essência nem minhas reações perante meu eu vivencial.

3.1. Sobre o papel da fenomenologia na clarificação da noção de empatia

Na fenomenologia de Edith Stein, separam-se cuidadosamente os diversos significados que se usam na linguagem, até penetrar nas coisas mesmas a fim de expor um sentido mais preciso e essencial. O desafio fenomenológico é resgatar o sentido claro das *coisas mesmas* que foram designadas pelos recursos simbólicos. Essa *coisa mesma* não é a coisa concreta, mas é algo essencial e, portanto, universal[70].

Em vez de um sistema de proposições, a fenomenologia[71] apresenta uma espécie de *olhar fenomenológico*, com as suas res-

---

70. VARGAS, CARLOS E. DE C., A clarificação fenomenológica de Edith Stein. Ponte epistemológica entre a antropologia filosófica e a teologia simbólica, in: *Interações* — Cultura e Comunidade, Uberlândia, v. 7, n. 12, 165-181 (jul./dez. 2012), 171.

71. ALES BELLO, ANGELA, *Introdução à fenomenologia*, trad. Ir. Jacina Turolo Garcia; Miguel Mahfoud, Bauru, EDUSC, 2006.

pectivas exigências metodológicas: "libertar-se de preconceitos que impedem a visão espontânea da realidade, atenção ao que se apresenta originariamente na percepção, acostumar-se a ir ao essencial e precisar com todo rigor seu sentido e alcance, superando a maneira cotidiana de ver baseada em necessidades vitais"[72].

Se há distintos modos de realidade ao redor do ser humano, a fenomenologia adapta-se às diferentes formas de apresentação dos objetos e às diferentes atitudes cognitivas dos sujeitos. O ser humano possui, em seu existir, experiências das mais diversas: umas de conotação natural e outras mais reflexivas. Todas essas experiências, na fenomenologia, recebem o nome de "vivências"[73] e podem ocorrer no "eu vivente". Estar "vivo", enquanto pessoa humana, vai além do conceito de "vivo" aplicado ao reino vegetal e animal. O ser humano é um ser vivo relacional, com capacidade de percepção, reflexão, com sentido de tempo, fantasias entre tantas outras capacidades. Neste constante vivenciar, o "corpo próprio" é o canal de abertura entre o externo e o interno. Os órgãos dos sentidos têm papel imprescindível nesta interação. Também é preciso considerar essas vivências do ponto de vista filosófico fenomenológico, assumindo-as como fenômenos, isto é, "aquilo que aparece"[74].

Contudo, os fenômenos analisados pela fenomenologia não se limitam às coisas exteriores, nem mesmo o nosso conheci-

---

72. VARGAS, CARLOS E. DE C., A clarificação fenomenológica de Edith Stein. Ponte epistemológica entre a antropologia filosófica e a teologia simbólica, in: *Interações* — Cultura e Comunidade, Uberlândia, v. 7, n. 12, 165-181 (jul./dez. 2012), 171.

73. STEIN, EDITH, *Zum Problem der Einfühlung* (Teil II-IV der unter dem Titel: Das Einfühlungsproblem in seiner historischen Entwicklung und in phänomenologischer Betrachtung vorgelegten Dissertation), Referent: Herr Professor Dr. Husserl, Halle, Buchdruckerei des Waisenhauses, 1917, ESW IV, Köln: Karmelitinnenkloster Maria vom Frieden. No original: *Erlebnisse*, tradução livre dos autores.

74. FARIAS, MOISÉS ROCHA, *A empatia como condição de possibilidade para o agir ético*, Dissertação, Fortaleza, Universidade Estadual do Ceará, 2013, 33-34, 97 f.

mento limita-se a eles. Há outro manancial de fenômenos internos que também temos a capacidade de conhecer não só de maneira superficial, mas também aprofundada, que é a "reflexão". Ora, a reflexão me possibilita ir além das minhas sensações exteriores e interiores, ela me permite um conhecimento maior e, nesse processo reflexivo, é utilizado o método fenomenológico. Além das informações que os órgãos dos sentidos possam me dar, também busco o sentido que o fenômeno pode me trazer. Por exemplo: somente o conhecimento de que estou com medo não mais me satisfaz e passo a buscar saber sua origem e seus efeitos.

Nesse caso, a busca do sentido das vivências nos possibilitará um conhecimento mais verdadeiro. Um conhecimento mais verdadeiro de minhas vivências pode me levar a um conhecimento mais verdadeiro de quem eu sou. Este eu que tem experiências, que vive e sabe que vive, consciente de suas capacidades, não é isolado, pois não está só no mundo. Existem tantos e tantos outros que, semelhantes a mim, também sentem, conhecem, dispõem da mesma capacidade que eu[75].

Esse *outro eu* (*alter ego*) tem suas próprias vivências, sendo um núcleo vivencial. Justamente por isso, ele é outro, com as mesmas capacidades do "eu". Contudo, ele é diferente do meu eu, sendo um "outro eu". Há uma relação profunda entre essa vivência pessoal, a vivência do outro e, principalmente, a constituição do indivíduo, considerando seus elementos físicos, psicológicos e espirituais.

É irrefutável que, diante da existência humana, há uma série de vivências idênticas, como, por exemplo, o nascimento de um filho, a morte de um ente querido, entre tantas e tantas outras. Não é somente o meu eu isolado que teve essa vivência, mas, de certa forma, ela é compartilhada por inúmeras pessoas. Mesmo que tal vivência não esteja acontecendo neste momento,

---

75. Idem, 35.

na "vivência atual", ela pode ser presentificada em minha recordação. Quem é avô não precisa ter outro filho neste momento atual para saber como é ser pai, pois existe uma recordação da vivência da paternidade[76].

Edith Stein tinha essa convicção profunda de que a metodologia fenomenológica permite o estudo das condições de possibilidade da empatia. A fenomenologia trata da origem do conhecimento na subjetividade da consciência, a qual percebe as evidências das intuições relacionadas a qualquer área do conhecimento, inclusive a antropologia filosófica. A questão da pessoa humana é especialmente importante na fenomenologia de Edith Stein, pois é preciso analisar como os objetos relacionados com a empatia aparecem na consciência. A explicação fenomenológica de um determinado conceito, como a empatia, passa pela referência filosófica às diversas operações antropológicas envolvidas na sua origem[77].

4. Da análise da empatia ao desenvolvimento de uma filosofia fenomenológica da pessoa humana

A tese de doutorado de Edith Stein[78] sobre a empatia abriu algumas perspectivas para o desenvolvimento de uma filosofia feno-

---

76. Ibidem.
77. VARGAS, CARLOS E. DE C., A clarificação fenomenológica de Edith Stein. Ponte epistemológica entre a antropologia filosófica e a teologia simbólica, in: *Interações* — Cultura e Comunidade, Uberlândia, v. 7, n. 12, 165-181 (jul./dez. 2012), 172.
78. STEIN, EDITH, *Zum Problem der Einfühlung* (Teil II–IV der unter dem Titel: Das Einfühlungsproblem in seiner historischen Entwicklung und in phänomenologischer Betrachtung vorgelegten Dissertation), Referent: Herr Professor Dr. Husserl, Halle, Buchdruckerei des Waisenhauses, 1917, ESW IV, Köln: Karmelitinnenkloster Maria vom Frieden.

menológica da pessoa humana. O conjunto da obra de Edith Stein parece reforçar essa relação entre empatia e antropologia filosófica. O estudioso da obra steiniana pode se perguntar sobre a recorrência de alguns temas apresentados em *Sobre o problema da empatia* em obras posteriores da filósofa alemã. Esse tema marcou o itinerário intelectual da filósofa, como foi observado pela professora Ângela Ales Bello:

> Durante a sua frequência aos cursos ministrados por Edmund Husserl na Universidade de Göttingen, entre 1913 e 1916, ela assimila rapidamente o método fenomenológico, aplicando-o ao exame de um tema de pesquisa que permanecerá, embora sob formas diversas, constante no seu itinerário filosófico: a questão do conhecimento do outro, entendido como ser humano que se põe em relação comigo mesmo[79].

Edith Stein utilizou o método fenomenológico no conjunto de sua obra sobre a empatia, pois é um instrumental que está incorporado ao seu modo de analisar os fenômenos, mas ela faz uso da fenomenologia especialmente quando passa para a descrição das experiências vividas, o que é típico da fenomenologia. Nesse caso, interessam as experiências de empatia, incluindo dimensões intelectuais, voluntárias e afetivas. Isso se justifica porque a interioridade é o terreno privilegiado da investigação fenomenológica.

Nos seus estudos sobre empatia, Edith Stein havia mostrado que, para transitar ao outro a partir de si mesmo, é preciso expor o conteúdo em que se apoia o eu. Há uma peculiar especificação essencial correspondente à singularidade do eu. A unidade do eu, consciente de si mesmo, leva a considerar a essência

---

79. ALES BELLO, ANGELA, Edith Stein (1891-1942). Filosofia e cristianismo, in: PENZO, GIORGIO; GIBELLINI, ROSINO (org.), *Deus na filosofia do século XX*, trad. Roberto L. Ferreira, São Paulo, Loyola, 1998, 313.

da pessoa como o mais próprio, atribuindo ao outro, empaticamente, unicidade e originalidade, na medida em que parece tentar sentir o que ele sente, introduzindo em si a atitude pessoal do outro, como uma "intropatia indutiva".

Posteriormente, Edith Stein iria focar na reflexão sobre a ciência e a prática pedagógica, até mesmo em virtude de sua atividade docente no Instituto de Pedagogia Científica em Münster, Alemanha, onde teve oportunidade de ministrar um curso de antropologia filosófica em 1932[80]. No ano seguinte, seus cursos foram interrompidos, pois o governo nazista a destituiu do magistério pelo fato de ter ascendência hebraica[81]. Os cursos antropológicos ministrados nesse período foram publicados, em espanhol, no volume IV das *Obras completas* (Editorial Monte Carmelo de Burgos), dedicado aos escritos antropológicos e pedagógicos de Edith Stein[82], estando também no volume XIV da coleção *Edith Steins Gesamtausgabe* (ESGA): *A estrutura da pessoa humana. Lições sobre antropologia filosófica*[83].

Na introdução da tradução espanhola de *A estrutura da pessoa humana. Lições sobre antropologia filosófica*, Francisco Sancho Fermín e Julen Urkiza[84] fizeram uma relação desta obra com a

---

80. STEIN, EDITH, *Der Aufbau der menschlichen Person. Vorlesungen zur philosophischen Anthropologie*, Münster 1932/33, Köln, Karmelitinnenkloster Maria vom Frieden.

81. ZILLES, URBANO, A Antropologia em Edith Stein, in: BRUSTOLIN, LEOMAR A. et al. (org.), *Anais do Seminário Internacional de Antropologia Teológica. Pessoa e comunidade em Edith Stein*, Porto Alegre, EDIPUCRS, 2016, 2-3.

82. STEIN, EDITH, *Der Aufbau der menschlichen Person. Vorlesungen zur philosophischen Anthropologie*, Münster 1932/33, Köln, Karmelitinnenkloster Maria vom Frieden.

83. No original: *Der Aufbau der menschlichen Person. Vorlesungen zur philosophischen Anthropologie*, tradução livre dos autores.

84. SANCHO FERMÍN, F.; URKIZA, J., Introducción, in: STEIN, EDITH, *Obras completas*, vol. IV, Escritos Antropológicos y Pedagógicos (Magisterio de vida cristiana, 1926-1933), URQUIZA, J.; SANCHO FERMÍN, F. J. (org.), Burgos, Editorial Monte Carmelo; Vitoria, Ediciones El Carmen; Madrid, Editorial de Espiritualidad, 2003, 556.

tese de doutorado sobre empatia. Afinal, a própria autobiografia de Edith Stein[85] revela que a obra *Sobre o problema da empatia* começou seguindo a sugestão husserliana de tratar a empatia como um ato de conhecimento, mas ampliou sua reflexão, avançando para o tema antropológico que correspondia ao seu interesse pessoal naquela época, mas seria aprofundado, anos depois, nas lições sobre *A estrutura da pessoa humana*[86].

Mais recentemente, o professor Urbano Zilles[87] insistiu na importância do tema "antropológico" para o desenvolvimento da obra de Edith Stein: "depois do doutorado, a preocupação central de quase todos os seus trabalhos é a construção e estruturação da pessoa humana"[88]. Analisando a obra de Edith Stein como um todo, a análise torna-se mais complexa na medida em que envolve questões teológicas e místicas, considerando a sua conversão ao catolicismo e o seu encontro com a obra de Santa Teresa de Jesus[89].

Também é possível considerar uma perspectiva mais focada na antropologia teológica e até mesmo tirar conclusões pedagógicas, mas a questão da "pessoa humana" possui uma importância central no pensamento filosófico de Edith Stein, como foi destacado por Urbano Zilles ao falar sobre fenomenologia e teoria do conhecimento em um seminário internacional de

---

85. STEIN, EDITH, *Vida de uma família judia e outros escritos autobiográficos*, trad. Maria do Carmo V. Wollny; Renato Kirchner, rev. Juvenal Savian Filho, São Paulo, Paulus, 2018, Coleção Obras de Edith Stein.

86. STEIN, EDITH, *Der Aufbau der menschlichen Person. Vorlesungen zur philosophischen Anthropologie*, Münster, 1932/33, Köln, Karmelitinnenkloster Maria vom Frieden.

87. ZILLES, URBANO, A Antropologia em Edith Stein, in: BRUSTOLIN, LEOMAR A. et al. (org.), *Anais do Seminário Internacional de Antropologia Teológica. Pessoa e comunidade em Edith Stein*, Porto Alegre, EDIPUCRS, 2016.

88. Idem, 4.

89. TERESA DE JESUS, SANTA, *Obras completas*. Edición manual, trad. e pref. Efren de la M. Dios; Otger Steggink, Madrid, Biblioteca de Autores Cristianos, ⁴1974.

antropologia teológica: "a questão fundamental em torno da qual gira toda a sua obra filosófica, depois da conversão ao catolicismo, de modo especial em *Der Aufbau der menschlichen Person*, é a seguinte: O que é o homem? Como formar sua personalidade numa perspectiva cristã?"[90].

A obra *Sobre o problema da empatia* apresentou um "primeiro rascunho da natureza psicofísica-espiritual da pessoa", abrindo questões que serão retomadas em seus trabalhos posteriores[91]. O estudo de Edith Stein sobre empatia é um marco no seu desenvolvimento fenomenológico. Neste livro, estamos retomando parte do trajeto filosófico que a doutoranda assumiu na análise da empatia, procurando fazer relações com esse seu projeto de esclarecer a estrutura da pessoa humana.

Em obras posteriores, Edith Stein[92] desenvolveria uma antropologia filosófica propriamente dita, passando pelos aspectos espirituais, psíquicos e físicos que constituem a estrutura da pessoa humana. A jovem filósofa precisava se aprofundar tanto na questão do ser pessoa e de seus elementos constituintes porque a compreensão da vivência da empatia passa pela compreensão do ser humano e de suas relações, abrindo um leque de questões filosóficas e psicológicas que foram aprofundadas em seu itinerário intelectual.

---

90. ZILLES, URBANO, A Antropologia em Edith Stein, in: BRUSTOLIN, LEOMAR A. et al. (org.), *Anais do Seminário Internacional de Antropologia Teológica. Pessoa e comunidade em Edith Stein*, Porto Alegre, EDIPUCRS, 2016, 5.

91. STEIN, EDITH, *Zum Problem der Einfühlung* (Teil II–IV der unter dem Titel: Das Einfühlungsproblem in seiner historischen Entwicklung und in phänomenologischer Betrachtung vorgelegten Dissertation), Referent: Herr Professor Dr. Husserl, Halle, Buchdruckerei des Waisenhauses, 1917, ESW IV, Köln: Karmelitinnenkloster Maria vom Frieden.

92. STEIN, EDITH, *Der Aufbau der menschlichen Person. Vorlesungen zur philosophischen Anthropologie*, Münster, 1932/33, Köln, Karmelitinnenkloster Maria vom Frieden.

II
ÉTICA

*Podemos esforçar-nos para que a vida que escolhemos
seja vivida com crescente fidelidade e pureza,
de modo a oferecermos um sacrifício aceitável
por aqueles a quem estamos unidos*[1].

SANTA EDITH STEIN

---

1. STEIN, EDITH, *Na força da cruz*, trad. Hermann Baaken, São Paulo, Cidade Nova, ³2007a, 43.

A EMPATIA COMO SUBSTRATO DA AÇÃO ÉTICA[1]

Moisés Rocha Farias

Neste livro apresentamos o conceito de empatia como parâmetro para o pensar da relação entre os indivíduos e na construção de um agir ético. Para tanto, o texto foi desenvolvido com base em uma análise da concepção de empatia na obra *Sobre o problema da empatia*, de Edith Stein.

Considerando a real possibilidade da vivência empática, que é a apreensão que tenho do outro como sujeito, esse ato de vontade, efetivado por pessoas espirituais, estabelece uma nova perspectiva da relação entre os indivíduos, onde o outro deixa de ser mero objeto, reconhecendo-se nele uma identidade humana, favorecendo assim o processo plenificante de cada indivíduo, no uso de sua razão e liberdade.

---

1. Este texto corresponde ao terceiro capítulo da dissertação de mestrado de Moisés Rocha Farias. A versão publicada neste livro contou com a revisão do coautor desta obra. A referência da dissertação completa é a seguinte: FARIAS, MOISÉS ROCHA, *A empatia como condição de possibilidade para o agir ético*, Dissertação de Mestrado em Filosofia, Fortaleza, Universidade Estadual do Ceará, 2013, 97 f.

A valoração do particular relaciona-se com o bem comum: quanto mais sou livre em minha ação humanizadora, mais gero o bem comunitário. Assim sendo, Edith Stein nos forneceu uma concepção de uma relação empática entre o indivíduo e a comunidade, que é essencialmente uma relação de interdependência constitutiva, em que os aspectos ativos e passivos da pessoa e da comunidade são necessários no processo de se tornarem sujeitos, possibilitando uma construção de pessoas plenificantes, como escopo do agir ético.

1. A relação ético-empática entre indivíduo e comunidade

Toda a fundamentação sobre a empatia como um ato possível do indivíduo está "situada" no âmbito do espírito e recebe uma conotação universal. Edith Stein utilizará a mesma metodologia sobre a questão prática de um "vivenciar ético". Seguindo a filósofa, devemos entender a palavra ética como a ciência responsável pela relação entre o sentir, o querer e o agir, considerando o ser individual e a relação com o outro, semelhante a mim[2].

A ética também se refere à nossa dimensão comunitária, pois mesmo que nossas ações sejam desenvolvidas de forma individual, ou até mesmo isoladas, sempre teremos como referência avaliativa de uma ação ética ou antiética o contexto comunitário. Contudo, para tratar do coletivo, Edith Stein, expressamente, volta-se para o indivíduo: "em primeiro lugar, é necessário esclarecer qual é a forma de convivência entre cada pessoa, se é que queremos compreender em qual sentido se fala

---

2. STEIN, EDITH, Introducción a la filosofía, in: ID., *Obras completas*, vol. II, Escritos filosóficos, Etapa fenomenológica, URQUIZA, JULEN; JAVIER SANCHO, FRANCISCO (org.), Burgos, Editorial Monte Carmelo; Vitoria, Ediciones El Carmen; Madrid, Editorial de Espiritualidad, 2003b, 678.

de um universo da realidade psíquica na qual a psique individual se insere como parte"³.

A comunidade e a sociedade não têm uma estrutura ou constituição completamente independente do indivíduo. Edith Stein, pelo método fenomenológico, acredita que apreendendo a estrutura do indivíduo podemos chegar a conhecer melhor a estrutura que engendra a ação coletiva. Para início de análise, Stein elabora uma definição, que esclarece as relações interpessoais que podem se desenvolver numa comunidade ou numa sociedade.

Quando acontece de uma pessoa se colocar diante de uma outra como sujeito a objeto, a examina e a "trata" segundo um plano estabelecido sobre a base do conhecimento adquirido e extrai dele ações dirigidas, neste caso, ambas convivem numa sociedade. Quando, ao contrário, um sujeito aceita o outro como sujeito e não está na frente dele, mas vive com ele e é determinado por seus movimentos vitais, neste caso os dois sujeitos formam uma comunidade⁴.

Conforme Edith Stein, esse "estar diante do outro" numa relação sujeito × objeto limita o desenvolvimento pleno do ser humano para os envolvidos. Alasdair MacIntyre apresentou a

---

3. STEIN, EDITH, *Psicologia e scienze dello spirito. Contributi per una fondazione filosófica*, trad. A. M. Pezella, Roma, Città Nuova, ²1999c, 159. No original: *In primo luogo è necessario chiarire quale sia la forma di convivenza tra le singole persone, se si vuole comprendere in quale senso si possa parlare di un universo della realtà psichica in cui la singola psiche si inserisce come parte*, tradução livre dos autores.

4. Ibidem. No original: *Quando accade che una persona si pone di fronte ad un'altra quale soggetto ad oggetto, la esamina e la "trata" secondo un piano stabilito sulla base della conoscenza acquisita e trae da essa azioni mirate, in questo caso entrambi convivono in una società. Quando, al contrario, un soggetto accetta l'altro come soggetto e non gli sta di fronte, ma vive con lui e viene determinato dai suoi moti vitali, in questo caso i due soggetti formano una comunità*, tradução livre dos autores.

seguinte análise, comparando o pensamento de Ferdinand Tönnies (1855-1935) e Edith Stein:

> Stein compreende a distinção de Tönnies no seguinte sentido: nas relações da *Gesellschaft*, cada indivíduo trata o outro como objeto, como alguém de quem é importante obter respostas que sejam um meio para conseguir os fins próprios. Nas relações da *Gemeinschaft*, cada indivíduo é igualmente um sujeito em solidariedade com os outros numa vida em comum, que é uma vida cujos fins são partilhados[5].

Já quando Stein trata da aceitação do outro como sujeito semelhante a si, constitui o primeiro nível de empatia; uma vez acolhendo seus movimentos vitais, salvaguardamos o que mais importante temos nas relações interpessoais, que é justamente sua constituição como sujeito, dotado da tríplice estrutura corpo – alma – espírito. Teremos, então, uma relação de comunidade, pois, mesmo na relação entre seres livres, há uma interdependência. Só posso ser um sujeito pleno quando ajo com o outro como sujeito dotado da mesma estrutura que eu. Em outras palavras, a minha *plenificação* como pessoa está intrinsecamente condicionada à forma como ajo com o outro.

Daí a importância da aproximação ao outro. À primeira vista, pode nos parecer algo meramente egoísta e interesseiro a sentença *preciso tratar o outro como pessoa, por que quero ser tratado de igual forma*, mas a sabedoria das antigas civilizações já

---

5. MacIntyre, Alasdair, *Edith Stein. Un prólogo filosófico (1913-1922)*, trad. Feliciana M. Escalera, Granada, Nuevo Inicio, 2008, 205. No original: *Stein comprende la distinción de Tönnies en el siguiente sentido: en las relaciones de la Gesellschaft, cada individuo trata a otro como objeto, como alguien de quen es importante obtener respuestas que sean un medio para conseguir los fines proprios. En las relaciones de la Gemeinschaft, cada individuo es igualmente un sujeto em solidaridad con otro en una vida en común, que es una vida cuyos fines son compartidos*, tradução livre dos autores.

nos falava do que ficou conhecida como *Regra de ouro*. A forma de apreender o outro se dá pela *empatia*.

O indivíduo relaciona-se assumindo-se como sujeito nas vivências, tendo a empatia como possibilidade de ver o outro como sujeito e não como objeto. Ora, para conhecermos o outro faz-se mister a análise não somente do seu comportamento exterior, mas, principalmente, do interior, pois é essa familiaridade com o interior do outro que nos permite chancelar essa nova via para tratarmos a questão ética.

Quando Edith Stein opta por uma concepção mais realista da fenomenologia, ela nos abre um campo de análise que nos permite não mais partir das universais como base para uma ética, mas sim partir do particular, do ser que está à nossa frente. Assim, partindo do real, podemos chegar a um universal. Levando em consideração essa mudança de perspectiva, não podemos, portanto, negar a existência do outro como fenômeno, sob prejuízo da nossa própria plenificação pessoal.

> Para aproximar-se da interioridade do alheio na medida necessária para os seus objetivos, ele deve ser capaz de abrir-se. Não se pode tornar em objeto o sujeito. Não se pode conhecer o meio com o qual se possa causar impressão a uma multidão sem haver familiaridade com a vida interior[6].

Nessa perspectiva, a ação do sujeito não será meramente de uma atitude de convivência ingênua com o outro, mas será de observador, distinguindo, pelo uso da racionalidade, todas as

---

6. STEIN, EDITH, *Psicologia e scienze dello spirito. Contributi per una fondazione filosófica*, trad. A. M. Pezella, Roma, Città Nuova, ²1999c, 160. No original: *Per potersi avvicinare all'interiorità estranea nella misura necessaria per i suoi obiettivi, egli deve potersi aprire ad essa. Non si può render oggetto Il soggetto. Non si può conoscere Il mezzo con cui si deve far colpo su una moltitudine senza avere familiarità con la sua vita interiore*, tradução livre dos autores.

possibilidades de vivências que são próprias da vida comunitária. Analisando a estrutura das vivências comunitárias, pode-se ter maior e melhor conhecimento de sua formação estrutural e, assim, pode-se intervir de maneira consciente para que se estabeleça uma outra perspectiva para a questão ética, superando a postura ingênua.

2. A estrutura da vivência comunitária

Toda estrutura das grandes cidades, das grandes civilizações, das sociedades, bem como de qualquer agrupamento de pessoas e dos rincões mais isolados, deve ter por princípio a unicidade que "é uma forma que deve encontrar uma determinada realização em cada ente"[7]. O senso comum, com frequência, desvincula o eu pessoal do seu conjunto. Às vezes, ouve-se: *a culpa é da sociedade que deixa isso acontecer; mas com essa sociedade que temos não se poderia esperar coisa diferente*. Estas e outras afirmações nos levam, de maneira superficial, a pensar que a sociedade é algo apartado do eu individual. É preciso que se diga que essa forma de pensar é uma das maneiras ingênuas de se pôr diante da vida. Na perspectiva fenomenológica, é fundamental voltar nossa atenção, como indivíduos, a este *eu consciente*, sujeito de minha vida interior, que Edith Stein denomina *Eu puro*[8]: "o eu individual é o termo último de cada vida de consciência. [...]. O eu que não necessita de qualquer condição material para defi-

---

7. STEIN, EDITH, *Essere finito e essere eterno. Per una elevazione al senso dell'essere*, trad. Luciana Vigone, Roma, Città Nuova, 1992, 318. No original: *È una forma, che deve trovare una determinata realizzazione in ogni ente*, tradução livre dos autores.

8. STEIN, EDITH, Introducción a la filosofía, in: ID., *Obras completas*, vol. II, Escritos filosóficos, Etapa fenomenológica, URQUIZA, JULIEN; JAVIER SANCHO, FRANCISCO (org.), Burgos, Editorial Monte Carmelo; Vitoria, Ediciones El Carmen; Madrid, Editorial de Espiritualidad, 2003b, 778.

nir-se de todos os demais enquanto seu ser-eu é o que chamamos Eu puro"[9].

Podemos denominar esse "eu puro" como célula vital da vida comunitária, esta célula que é viva e, por certo, irradia sua fonte de vivência. Uma vez nos referindo às vivências em si, estas constituem-se como um fluxo, tendo em vista que este eu puro contém em si vivências passadas, ou como ela mesma denomina "vida vivida" e "vivências atuais", gerando um encadeamento de vivências que, a partir de agora, chamaremos de "fluxo de consciência". O surpreendente é que esse "eu", a princípio, está aparentemente fechado em si mesmo, em virtude de sua unicidade, mas pode abrir-se a uma comunicação de outras vivências, com outros sujeitos, sem perder sua individualidade. Ele torna-se membro de um sujeito supraindividual. Isso traz uma possibilidade de resposta para a questão de como viver uma relação intersubjetiva, sem perder minha subjetividade.

Um dos maiores receios de nossa mentalidade, marcando a nossa cultura hodierna, é esta busca pela personalização do único, de algo que só eu tenha. Não nos é de todo estranho este tipo de linguagem nos meios de comunicação, essa necessidade de não se tornar apenas um a mais na massa e é justamente essa necessidade de unicidade que Stein ressalta em seu estudo, como basilar para o desenvolvimento de sua proposta. O que ela acresce é a forma como devemos perceber o outro não meramente como algo perceptivo por sua existência, mas o olhar deve ser dirigido para algo mais profundo, para o interior do ser humano, sua interioridade que comporta um "mundo" a ser descoberto.

Mesmo diante de uma vivência, a princípio igual para vários indivíduos, como, por exemplo, a perda de um ente querido, os

---

9. STEIN, EDITH, *Psicologia e scienze dello spirito. Contributi per una fondazione filosofica*, trad. A. M. Pezella, Roma, Città Nuova, ²1999c, 162. No original: *L'io individuale è Il termine ultimo di ogni vita di coscienza.* [...] *L'io che non necessita di alcuna condizione materiale per delimitarsi rispetto agli altri*, tradução livre dos autores.

sujeitos envolvidos no fato terão diferentes níveis de vivências do pesar. Além do pesar e da dor da perda, próprios do meu eu vivencial, essa dor é vivenciada por uma comunidade.

Aqui entra em questão outros fatores de maior aproximação em relação à familiaridade ou amizade, como foi explicado por Edith Stein: "certamente eu sou o eu individual cheio de tristeza. No entanto, não me sinto só na minha tristeza, porque a sinto como nossa tristeza e a vivência é colorida essencialmente pelo fato de que os outros participem, ou melhor, que estou tomando parte apenas como membro de uma comunidade"[10].

Exemplifico essa questão da seguinte forma: um amigo que não faça parte da família enlutada pode vivenciar mais plenamente a dor da perda do que um irmão ou sobrinho. O que devemos levar em consideração é a abertura do meu eu para vivenciar a perda. Outros indivíduos podem, por exemplo, por razões diversas, não conseguir "digerir" essa situação e procurarem, de outra forma, menos integrada, passar pela situação do luto. Por isso, é o meu eu que tornará a vivência consciente no seu sentido pleno.

Contudo, mesmo alguém que não faça parte dessa comunidade, que passa pela experiência de dor, tem condições de apreender a dor da vivência da comunidade. Com isso, podemos falar de um substrato comum que permite uma identificação vivencial. Há vivências em que é possível um compartilhamento, por se tratar de uma experiência universal, como é o caso da morte. Dessa forma, podemos falar de uma vivência comunitária. Apesar de ser tratada *a posteriori*, vale salientar que essa vivência, dita comunitária, não se constitui num *sujeito comunitário*. É do sujeito individual, do *eu puro*, que irradia a vivência comunitária.

---

10. Idem, 160. No original: *Certamente io sono l'io individuale ricolmo di tristezza. Tuttavia, non mi sento solo nella mia tristezza poiché la sento come la nostra tristezza. Il vissuto è colorato essenzialmente dal fatto che gli altri vi partecipano, o piuttosto che io vi prendo parte soltanto in quanto membro di una comunità*, tradução livre dos autores.

Contudo, pela forma de vivenciar é possível estabelecer características para essa comunidade.

Com a distinção que podemos fazer entre o conteúdo da vivência, que, no exemplo dado, seria a dor, e o vivenciar o seu conteúdo, que seria, no caso, o sentimento de dor, podemos transformar a vivência em objeto de análise. Enquanto o objeto sentido pode ser o mesmo, a mesma dor, "a perda do ente querido", cada indivíduo vivenciará sua própria experiência, que produz uma dor particular, no caso uma vivência individual.

Como explicou Edith Stein, é do objeto comum, munido das diversas experiências individuais, que teremos uma ideia da forma como a comunidade passa pela experiência da dor: "a tristeza é um conteúdo individual que eu sinto, mas não é só isso. Essa experiência tem um sentido e pretende, em virtude desse sentido, ser válida para algo que está além da vivência individual, que existe objetivamente, por meio do qual é fundada racionalmente"[11].

Essa racionabilidade do conteúdo vivido, o sentido da vivência, é que nos permitirá dizer que "só na vivência de uma pessoa, que sente a 'devida' tristeza, é cumprida e satisfeita a intenção, que transcende toda a vivência comunitária". Dito isso, podemos concluir que, diante de uma vivência, podemos ter níveis, ou, para usarmos um termo steiniano, os graus de preenchimento do sentido, que o próprio conteúdo exige. O professor Juvenal Savian Filho explicou da seguinte maneira esses graus de intensidade da vivência:

> A emersão ou aparição da vivência; a sua explicitação preenchedora de sentido; a objetivação compreensiva da vivência expli-

---

11. Idem, 164. No original: *la tristezza e un contenuto individuale che sento, ma non è solo questo. Essa ha un senso e pretende, in virtù di questo senso, di essere valida per qualcosa che si trova al di là del vivere individuale, che esiste oggettivamente e per mezzo del quale essa è fondata razionalmente*, tradução livre dos autores.

citada. No primeiro grau, a vivência emerge diante de mim. No segundo, colho o sentido que essa vivência me oferece, ou seja, colho o seu objeto (conteúdo). É somente no terceiro grau que essa vivência torna-se objeto para mim, por meio da clareza que me dá a compreensão[12].

Dito de outra forma, causa certa estranheza que diante da morte de um ente querido, como um parente, alguém fique feliz. Por quê? Porque o conteúdo da vivência exige em si a tristeza, o pesar, é algo que não precisa ser dito: "olha, sua mãe faleceu, você deve ficar triste". Não, só em saber que a mãe está nos seus últimos instantes de vida já nos penetra o conteúdo da vivência, a dor, o sentimento de perda. Apesar desse conteúdo ser vivido individualmente, ele, em si, é visto como objeto supraindividual.

O exemplo dado por Edith Stein é bastante esclarecedor: enquanto eu vivo a alegria experimentada por alguém, não sinto nenhuma alegria originária, como se ela nascesse de maneira viva do meu eu; é um sujeito diferente de mim que prova de maneira viva a originariedade. A alegria que ele irradia é originária para ele, não para mim. Porém, a alegria manifesta-se na minha experiência. A minha, portanto, é uma experiência vivida não originária; é co-originária[13].

É importante observamos que a comunidade deve ser consciente de sua vivência, para que saiba digeri-la de maneira que possa se plenificar. Para identificarmos se a comunidade é consciente de sua vivência, não poderemos encontrar uma resposta

---

12. Savian Filho, J., A empatia segundo Edith Stein. Pode-se empatizar a "vivência" de alguém que está dormindo?, in: Id. (org.), *Empatia. Edmund Husserl e Edith Stein — apresentações didáticas*, São Paulo, Loyola, 2014, 29-52.

13. Ibidem.

numa "consciência comunitária", porque objetivamente essa consciência não existe, ela é dada através das vivências conscientes individuais. Como escreveu Alasdair MacIntyre: "uma comunidade não tem consciência de si mesma 'em sentido estrito'. Falar de consciência comunitária é falar de um aspecto da consciência dos indivíduos que são membros de uma comunidade e que a constitui pelo que compartilham"[14]. Obviamente podemos usar a mesma metodologia para outros tipos de vivência não só da dor, mas da injustiça, do rancor, da alegria, do amor e tantas e tantas outras vivências: "O indivíduo vive, sente, age como membro da comunidade e, na medida em que faz isso, a comunidade vive, sente e age nele e por meio dele. Mas se ele se torna consciente do seu vivenciar ou reflete sobre ele, a comunidade não é consciente de sua vivência"[15].

Dessa forma, Edith Stein percebe que o centro de suas análises, com frequência, deve ser concentrado no indivíduo. É nele que está a "chave" de resposta para seus desdobramentos intersubjetivos e comunitários. Se não conseguirmos estabelecer a estrutura vivencial do indivíduo, por certo não chegaremos a bom termo nos seus agrupamentos. Por isso, a filósofa reflete:

> Toda vida consciente brota do eu individual. Toda vida que gera originalmente o fluxo último constituinte tem a origem no eu

---

14. MACINTYRE, ALASDAIR, *Edith Stein. Un prólogo filosófico (1913-1922)*, trad. Feliciana M. Escalera, Granada, Nuevo Inicio, 2008, 204. No original: *Una comunidad no tiene conciencia de si misma "en sentido estricto". Hablar de conciencia comunitaria es hablar de un aspecto de la conciencia de los indivíduos que son miembros de una comunidad y que la constituyen por lo que comparten*, tradução livre dos autores.

15. STEIN, EDITH, *Psicologia e scienze dello spirito. Contributi per una fondazione filosófica*, trad. A. M. Pezella, Roma, Città Nuova, ²1999c, 168. No original: *Il singolo vive, sente, agisce come membro della comunità e nella misura in cui lo fa, la comunità vive, sente e agisce in lui e per mezzo di lui. Ma se egli diventa consapevole del suo vivere o se vi riflette, la comunità non è consapevole del suo vivere*, tradução livre dos autores.

individual e apenas no contexto das vivências constituídas é possível distinguir as vivências singulares e as vivências comunitárias [...] não pode existir uma consciência comunitária autônoma, como não há uma vida comunitária constitutiva[16].

Mesmo que a vivência comunitária não seja, em si, constituída originalmente, há uma unidade de vivências individuais pelas quais podemos, com toda propriedade, falar de um fluxo de vivências comunitárias sem, contudo, perder a individualidade de participantes. Dessa forma, a vivência individual de ódio pode ser compartilhada por diversos membros de uma comunidade e fará com que a abrangência seja, decerto, maior do que a limitada em um indivíduo, podendo estender-se a várias gerações um mesmo fluxo vivencial. Consequentemente, uma vivência comunitária traz em si tal intensidade que extrapola a capacidade vivencial individual de abarcá-la por completo. Com isso, não queremos dizer que ela não seja acessível ao indivíduo, contudo não há posse da totalidade vivenciada. Por fim, a vivência comunitária não é constituída meramente pela aglutinação de indivíduos, mas deve haver, entre os envolvidos, uma unidade de sentido vivencial.

2.1. Elementos do fluxo de vivências comunitárias

É preciso analisar quais elementos do fluxo vivencial nos colocam diante de uma potencialização da vivência comunitária. A sensibilidade é o vivenciar mais imediato que possuímos. A experiência da vida sensorial, em si, é individual, impossibilitando uma vivência comunitária, já que "a sensibilidade pura é o que

---

16. Ibidem. No original: *Ogni vita cosciente sorge dall'io individuale. Ogni vita che genera originariamente Il flusso ultimo costituente ha origine nell'io individuale e solo nell'ambito dei vissuti costituiti si possono distinguere vissuti singoli e vissuti comunitari... non può esistere una coscienza comunitaria autonoma, come non c'è una vita comunitaria costituente*, tradução livre dos autores.

cada indivíduo tem para si e que não divide com nenhum outro"[17]. Dessa maneira, podemos concluir que a comunidade, em si, carece de uma sensibilidade propriamente dita. Contudo, a sensibilidade é a base da vivência individual. Dessa forma, a vivência comunitária está indiretamente ligada à sensibilidade.

Por outro lado, a vivência individual de um conteúdo objetivo remete a uma realidade supraindividual, comunitária, salvaguardando a subjetividade vivencial do indivíduo. Como podemos observar aqui, constitui-se na base da vivência empática. A pertença a uma comunidade experiencial nos remete a algo que não podemos deixar esquecido e que, por se tratar de uma realidade universal, diz respeito à condição humana.

Outro elemento que podemos identificar como possível em um fluxo vivencial comunitário é a fantasia. Devemos compreender como fantasia todas as realidades fictícias que podemos encontrar na literatura. Mesmo não tendo um personagem de "carne e osso", podemos, com toda propriedade, estabelecer um "conteúdo objetal", fazendo parte de uma experiência comunitária. Podemos citar, exemplificando no contexto cultural brasileiro, as estórias do *Saci Pererê* e de *Iracema*, entre tantos outros personagens que fazem parte de um tesouro cultural nacional. Assim, podemos também expandir para outras culturas essas fantasias que se constituem como objetos. Percebemos que "na correlação que existe entre qualidades e vivências, também é possível considerar as fantasias como vivências comunitárias"[18]. Aqui podemos fazer uma distinção entre o objeto material real e o objeto fantasioso. O primeiro, por ter uma existência independente da minha, está exterior a mim e só posso apreendê-lo

---

17. Idem, 173. No original: *La sensibilità pura è ciò che ogni individuo ha per sé soltanto e che non divide con nessun altro*, tradução livre dos autores.

18. Idem, 177. No original: *Nella correlazione che esiste tra qualità e vissuti, è altrettanto possibile ritenere le fantasie come vissuti comunitari*, tradução livre dos autores.

pela percepção, mas não posso modificá-lo enquanto tal. Já no segundo, a sua existência, em certo sentido, depende de minha representação intuitiva:

> Na percepção, de acordo com os materiais sensíveis disponíveis, a apreensão se apresenta por si mesma; eu não posso mudar o objeto que se apresenta a mim. Ao contrário, o material sensível da fantasia se deixa perceber à vontade, de várias maneiras, permite que eu atribua um sentido e deixa que eu crie a mesma projeção[19].

O que abordaremos, na sequência, é a relação anímica referente à percepção e à fantasia. Mesmo partindo de duas vivências distintas, estes dois elementos têm a capacidade de fazer fluir na *anima* outras vivências, as quais não podemos de forma simplista determinar como mero resultado orgânico. Por exemplo: ao ouvir as melodias de um concerto, o indivíduo se emociona. A percepção auditiva esteve presente a cada momento, mas o que faz esse movimento da emoção? Analisando, nós damos um passo para o que está mais interior, mais profundo. Outro exemplo seria: ao ler um romance, um indivíduo se envolve na trama e estabelece outras vivências desenvolvidas pelo enredo: alegria, suspense, compaixão etc. Perceptivamente, não se trata de letras ou sinais num papel, pois há uma intencionalidade do autor. É sobre essa capacidade de atingir tal intenção que nos interessa: "este novo mundo objetivo, que se abre a nós, no sentir, é o mundo dos valores"[20].

---

19. Idem, 178. No original: *Nella percezione, in base ai materiali sensibili dati, l'apprensione si presenta da sé; io non posso cambiare l'oggetto che mi si presenta. Al contrario, Il materiale sensibile della fantasia si lascia cogliere a piacimento, in varie maniere, permette che io vi attribuisca un senso e lascia che io cosi crei lo stesso aggetto*, tradução livre dos autores.

20. Idem, 184. *Questo nuovo mondo oggettivo, che si apre a noi nel sentire, è Il mondo dei valori*, tradução livre dos autores.

O indivíduo não só apreende o objeto, como lhe é intrínseca a capacidade de valorizar. Quando me encontro diante de algo belo, pode minha alma ter atitudes como as de contemplação, de emoção ou mesmo de desdém. Contudo, o belo, em si, é algo ao qual o indivíduo não tem como ser indiferente. A beleza exige que eu me abra interiormente a ela, que me permite determinar em minha interioridade[21].

A vida espiritual está essencialmente vinculada aos estados psíquicos (força vital psíquica) e aos estados sensíveis da corporeidade (força vital sensível). Ao mesmo tempo que vem por estes alimentada, exerce uma influência sobre estes através da força vital espiritual. A força vital espiritual tem sua fonte nos valores objetivos (mundo cultural) e nos valores subjetivos (influxo recebido da tomada de posição dos outros em relação a si), alimenta toda a dinâmica vivencial através dos propósitos, das tomadas de posição voluntária e das ações livres. Stein ressalta ainda que, na liberdade da vida espiritual, os atos não estão um ao lado do outro sem nenhuma relação entre eles, mas estão submetidos às leis da razão, sendo a motivação o princípio que rege os atos do espírito. Existe um brotar de uma vivência à outra, um fluir das vivências do eu de um ato ao outro revelando um nexo significativo[22].

Quando se trata de um valor, considerado como objeto para o indivíduo, é possível encontrar reflexos em outros indivíduos.

---

21. Idem, 185. No original: *L'accettazione del valore, pienamente riempito, è dunque in sostanza un sentire in cui si uniscono e, laddove non c'è una viva partecipazione da parte dell'io, quest'ultima è rappresentata da un' intenzione incompleta.*

22. COELHO JÚNIOR, ACHILLES G.; MAHFOUD, MIGUEL, A relação pessoa-comunidade na obra de Edith Stein, *Memorandum*, Belo Horizonte, v. 11, 2006, 7. Disponível em: <http://www.fafich.ufmg.br/~memorandum/a11/coelhomahfoud01.htm>. Acesso em: 2 set. 2012.

Um mesmo objeto, como a beleza, é apreendido como valor por diversos indivíduos, mesmo que as qualidades particulares sejam apreciadas de maneiras diversas. Assim, a constituição de um valor acompanha a constituição de um objeto. Nos mais diversos objetos apreendidos, encontraremos inúmeras reações ou atitudes possíveis diante deles: "quando somos orientados teoricamente vemos só as coisas; quando somos orientados axiologicamente vemos os valores; em particular, aqueles estéticos, éticos, religiosos e assim por diante"[23].

3. Conexões dos fluxos de vivências

Após termos apresentado os elementos dos fluxos das vivências, apresentaremos quais vinculações das vivências individuais constituirão a vivência comunitária. Segundo Edith Stein, há três formas: a motivação, a causalidade e a ação da vontade. Qual função desempenha a motivação para a constituição de uma vivência comunitária? Partimos do pressuposto de que a vivência individual traz, em si, um sentido. Este, por sua vez, é objeto. Mesmo tendo sua origem individual, rompe esse "limite" e participa de uma dimensão supraindividual, com várias vivências individuais sob o mesmo objeto sentido. Há uma unidade de sentido que, mesmo salvaguardando as multiplicidades, é feita através daquilo que a filósofa denomina "conexão de motivação", constituindo uma vivência comunitária.

Uma dedução, uma teoria, pode realizar-se, em conformidade com a vivência, das maneiras mais diversas: um sujeito pode rea-

---

23. STEIN, EDITH, *Psicologia e scienze dello spirito. Contributi per una fondazione filosofica*, trad. A. M. Pezella, Roma, Città Nuova, ²1999c, 186. No original: *Quando siamo orientati teoreticamente vediamo solo le cose, quando siamo orientati assiologicamente vediamo i valori, in particolare quelli estetici, etici, religiosi e via di seguito*, tradução livre dos autores.

lizá-la mais rapidamente, enquanto outro o faça mais lentamente, ora com simples atos de pensamento, ora com intuições explicativas ou de preenchimento, e, finalmente, também na forma em que compartilha as vivências realizadas numa multiplicidade de indivíduos. Todavia, cada vez que se realiza uma conexão de sentidos, as vivências que se estão realizando reúnem-se numa conexão motivacional formando um complexo de vivências. Se uma conexão com sentido envolve, para sua realização, um grupo de indivíduos, o seu correlato é uma estrutura motivacional que não pertence mais a este ou àquele fluxo de vivências individuais, mas ao fluxo das vivências do grupo. Nesse caso, há um sentido ininterrupto através de todo o fluxo vivencial de um grupo e o reúne em uma unidade, a saber, a conexão das vivências importantes para a evolução da comunidade[24].

A causalidade é outra forma de estabelecer a vivência comunitária. Quando um indivíduo, em contato com outro, apresenta um intenso nível de vitalidade, poderá contagiá-lo. O contágio nos permite concluir que há um "estado sobre o outro"[25]. Aqui temos não só o contato físico propriamente dito, de indi-

---

24. Idem, 195. No original: *Una deduzione, una teoria possono essere realizzate, in conformità al vissuto, nei modi più diversi: un soggetto puo realizzarli più velocemente mentre un altro più lentamente, ora con semplici atti di pensiero, ora con delle intuizioni esplicative oppure riempitive ed infine anche nel modo in cui si ripartiscono i vissuti realizzati in una molteplicità di individui. Tuttavia, ogni volta che si realizza una connessione di senso, i vissuti che si stanno realizzando si riuniscono in una connessione motivazionale formando un complesso di vissuto. Se una connessione di senso coinvolge, per la sua realizzazione, un gruppo di individui, Il suo correlato è una struttura motivazionale che non appartine più a questo o a quel flusso di vissuto individuale, bensì al flusso di vissuto del gruppo. In quel caso v'è un senso ininterrotto che attraversa l'intero flusso di vissuto di un gruppo e lo racchiude in un'unità, cioè la connessione dei vissuti importanti per l'evoluzione della comunità*, tradução livre dos autores.
25. Idem, 199. No original: *Stato riguardante l'altro*, tradução livre dos autores.

víduo com indivíduo, mas há outras possibilidades, como, por exemplo, a leitura de um livro, que pode desencadear uma vitalidade no meu eu e contagiar-me, fazendo que haja um movimento em direção ao "sentido" que o autor imprimiu ao seu texto. Contudo, para que haja esse "contágio", faz-se *mister* que o indivíduo se abra para aquele algo com o qual o seu eu está tendo contato. Devemos compreender que a vivência comunitária não é, em absoluto, a soma das vivências individuais, mas é uma constituição nova e específica através das multiplicidades de vivências.

> Para que tal conexão possa crescer, de modo a reconstituir a força vital de uma multiplicidade de indivíduos, é necessária uma dedicação recíproca deles: ou seja, estar abertos uns aos outros, superando assim a receptividade das impressões necessárias para o contágio, e que é de natureza espiritual. Chegamos à conclusão de que é possível uma influência recíproca entre indivíduos psíquicos, um comportamento de grupo e uma cooperação, que os podem unir, do ponto de vista de uma consideração externa, numa objetividade, sem perder, no entanto, seu caráter monádico[26].

Como último elemento das vivências em fluxo, veremos a ação da vontade. Em sua essência, toda ação da vontade exige que sua efetivação seja feita em liberdade. Esta é uma escolha e aceitação de algo, mesmo que este seja proposto. Tal é a importância dessa aceitação voluntária, que Edith Stein se refere a esse

---

26. Idem, 210. No original: *Perché una tale connessione possa accrescersi, tanto da rifornire di forza vitale una molteplicità di individui, è necessaria una dedizione reciproca degli individui; bisoga cioè aprirsi l'uno verso l'altro, superando così la ricettività alle impressioni indispensabile per Il contagio, che è di natura spirituale. Giungiamo così alla conclusione secondo cui è possibile un'influenza reciproca tra individui psichici, un comportamento di gruppo e una cooperazione, che li può unire, dal punto di vista di una considerazione esterna, in una oggettività, senza perdere comunque Il loro carattere monadico*, tradução livre dos autores.

fiat!, no qual "se concentra a espontaneidade, sem a qual não há uma livre ação e que está enraizada no eu individual"[27].

Se uma multiplicidade de sujeitos compartilha de um fim voluntário, então surge uma única posição voluntária comunitária e uma única ação, independentemente do fato de que todos façam a mesma coisa ou que executem diversas ações parciais para a realização do fim comum[28].

Para estar numa ação comunitária não se faz necessário que as pessoas estejam desempenhando a mesma função. Contudo, a meta é uma só e isso não enfraquece a comunidade. Pelo contrário, a vivência comunitária manifesta a riqueza de multiplicidade de seus indivíduos.

Isto pode parecer paradoxal, como se poderia esperar que a comunidade se baseie no que os indivíduos têm em comum, mais do que naquilo que os distingue. Mas na concepção de Stein sobre a *Gemeinschaft* como comunidade de indivíduos livres, esta se baseia no que os diferentes indivíduos têm em comum. Aqui existe certa reciprocidade. Ainda que o caráter de uma comunidade pareça depender das diferenças de seus membros, pode ser também que o caráter do indivíduo esteja configurado pela comunidade, com traços que são compreendidos só no contexto da vida comunitária[29].

---

27. Idem, 215. No original: *Si concentra la spontaneità, senza cui non c'è un libero fare e che è ancorata all'io individuale*, tradução livre dos autores.

28. Idem, 214. No original: *Se una molteplicità di soggetti è accomunata da uno scopo volontario, ne scaturisce un'unica presa di posizione volontaria comunitária ed un'unica azione, indipendentemente dal fatto che tutti facciano la stessa cosa o che compiano diverse azioni parziali per poter realizzare il fine comune*, tradução livre dos autores.

29. MacIntyre, Alasdáir, *Edith Stein. Un prólogo filosófico (1913-1922)*, trad. Feliciana M. Escalera, Granada, Nuevo Inicio, 2008, 221. No original: *Esto puede parecer paradójico, ya que puede que esperemos que la comunidad se base en lo que los individuos tienen en común más que en lo que les distingue. Pero en la*

É preciso que tenhamos cautela com uma realidade presente na vivência comunitária. Da mesma forma que a comunidade, em si, não possui sensibilidade, ela, não sendo constituída como indivíduo, não possui liberdade. A comunidade, em sua estrutura, não possui uma existência separada da dos indivíduos que a compõem.

Se uma comunidade falhar, se sua força é menor, ela pode ser salva por apenas um indivíduo, ou mesmo pela multiplicidade de indivíduos, no qual nasce uma fonte de força em favor da comunidade. A comunidade, enquanto tal, não é um sujeito livre e, portanto, não é nem sequer responsável no sentido em que são os indivíduos. Os indivíduos têm a responsabilidade última de suas ações que se comprometem em nome da comunidade. Mesmo que eles façam algo para a comunidade que não fariam por motivos pessoais. Todo peso da responsabilidade recai sobre eles sem possibilidade alguma de cair sobre a comunidade[30].

Os portadores de liberdade são os membros da comunidade. Esta pode executar uma ação livre através dos seus membros,

---

concepción que tiene Stein de la Gemeinschaft como comunidad de individuos libres, ésta se basa en lo que los diferentes individuos tienen en común. Aquí existe cierta reciprocidad. Aunque el carácter de una comunidad parece depender de las diferencias de sus miembros, puede que el carácter del individuo también esté configurado por la comunidad, con rasgos que son comprensibles solo en el contexto de la vida comunitaria, tradução livre dos autores.

30. STEIN, EDITH, *Psicologia e scienze dello spirito. Contributi per una fondazione filosófica*, trad. A. M. Pezella, Roma, Città Nuova, ²1999c, 216. No original: *Se una comunità fallisce, se la sua forza viene meno, essa può essere salvata soltanto da un individuo, o anche da una molteplicità di individui, in cui nasce una nuova sorgente di forze in favore della comunità. La comunità, in quanto tale, non è un soggetto libero e dunque non è neppure responsabile nel senso in cui lo sono gli individui. Gli individui hanno la responsabilità ultima delle azioni che compiono in nome della comunità. Anche se fanno per la comunità qualcosa che magari non farebbero per motivi personali, l'intero peso della responsabilità poggia su loro, senza possibilità alcuna di caricarla sulla comunità*, tradução livre dos autores.

mas é isenta de responsabilidade sobre a ação deles. Devem recair sobre seus membros individualizados as consequências das tomadas de suas decisões: "quando os sujeitos atuam em nome de sua comunidade de maneiras distintas como fariam atuando enquanto indivíduos, são responsáveis pelas ditas ações"[31]. Essa autonomia do indivíduo, bem como sua responsabilidade perante suas ações, possibilita o estabelecimento voluntário de uma empatia ética na relação comunitária.

---

31. MACINTYRE, ALASDAIR, *Edith Stein. Un prólogo filosófico (1913-1922)*, trad. Feliciana M. Escalera, Granada, Nuevo Inicio, 2008, 210. No original: *Cuando los sujetos actúan en nombre de su comunidad de maneras distintas a como habrían actuando en tanto que individuos, son responsables de dichas acciones*, tradução livre dos autores.

III
MÍSTICA

*Quanto mais a alma se eleva a Deus,
tanto mais fundo ela desce dentro de si:
a união realiza-se no mais íntimo da alma,
no mais profundo dela*[1].

SANTA EDITH STEIN

---

1. STEIN, EDITH, *Na força da cruz*, trad. Hermann Baaken, São Paulo, Cidade Nova, ⁵2007a, 88.

A CLARIFICAÇÃO FENOMENOLÓGICA DE EDITH STEIN COMO PONTE EPISTEMOLÓGICA ENTRE A ANTROPOLOGIA FILOSÓFICA E A TEOLOGIA SIMBÓLICA[1]

Carlos Vargas

Edith Stein[2], também conhecida como Santa Teresa Benedita da Cruz, descreve a sua concepção de *Ciência da Cruz* na obra de mesmo nome[3] (*Kreuzeswissenschaft*), a partir da obra de São João da Cruz, tomando como referência elementos da fenome-

---

1. Este artigo foi publicado inicialmente na revista *Interações* do Departamento de Ciências da Religião da PUC Minas com a seguinte referência: Vargas, Carlos E. de C., A clarificação fenomenológica de Edith Stein. Ponte epistemológica entre a antropologia filosófica e a teologia simbólica, in: *Interações* – Cultura e Comunidade, Uberlândia, v. 7, n. 12, 165-181 (jul./dez. 2012). Disponível em: <http://periodicos.pucminas.br/index.php/interacoes/article/view/6150>. Acesso em: 2 fev. 2019.
2. Stein, Edith, *L'Être fini et l'être éternel. Essai d'une atteinte du sens de l'être*, trad. G. Casella; F. A. Viallet, Louvain, Paris, Nawelaerts. Béatrice-Nawelaerts, 1972.
3. Idem, *A ciência da cruz. Estudo sobre São João da Cruz*, trad. Beda Kruse, São Paulo, Loyola, ⁴2004a, 257.

nologia e de sua teoria de "Ser finito e ser eterno" (*Endliches und ewiges Sein*). Partindo da análise dos principais símbolos de São João da Cruz[4], a filósofa pretende mostrar os elementos característicos da vida e obra do santo carmelita, mas também desenvolve elementos antropológicos próprios que superam, em alguns aspectos, a obra comentada. Sem explicitar, ela utiliza um método de análise dos símbolos místicos que é muito parecido com a clarificação fenomenológica que ela havia aprendido diretamente com o filósofo Edmund Husserl.

No conjunto da obra *A ciência da cruz*[5], no decorrer da interpretação dos símbolos utilizados por São João da Cruz, Edith Stein indica uma *ponte epistemológica* que faz relação entre a teologia simbólica, que é o ponto de partida, e a estrutura antropológica que se manifesta na medida em que se clarifica os símbolos joaninos. É possível reconhecer tal procedimento como uma metodologia válida e generalizável de interpretação dos símbolos místicos que descreva fenomenologicamente a estrutura da alma que busca unir-se a Cristo pela Cruz?

Em outras palavras: a clarificação fenomenológica de Edith Stein pode ser uma espécie de ponte metodológica entre a teologia simbólica e a antropologia da estrutura da alma que se manifesta na vivência da Ciência da Cruz? A partir dessa pergunta principal sobre a metodologia de Edith Stein, considerando as relações entre fenomenologia e filosofia cristã na biografia da filósofa, a pesquisa pode ser desenvolvida em duas direções: a) a aplicação da clarificação fenomenológica aplicada à interpretação dos símbolos místicos, especialmente a *cruz* e a *noite*; b) a descrição do alcance desta antropologia da estrutura e das operações da alma que aceita e passa pela crucifixão

---

4. João da Cruz, São, *Obras completas*, trad. Carmelitas descalças de Fátima, carmelitas descalças do convento de Santa Teresa et al., Petrópolis, Vozes, Carmelo Descalço do Brasil, 1996.

5. Stein, Edith, *A ciência da cruz. Estudo sobre São João da Cruz*, trad. Beda Kruse, São Paulo, Loyola, ⁴2004a, 257.

no sentido de São João da Cruz, considerando principalmente as noções de *eu*, *pessoa* e *liberdade*.

1. A problemática da Ciência da Cruz com base na análise dos símbolos místicos de São João da Cruz na obra de Edith Stein

A fenomenologia é uma abordagem muito influente entre os estudos acadêmicos sobre a religião, fundamentando-se em conceitos importantes da filosofia de Edmund Husserl[6]. O aprofundamento das relações entre a metodologia fenomenológica e o simbolismo místico poderia ser generalizado para aplicações no pensamento filosófico cristão se fosse comprovada uma ponte metodológica entre antropologia e teologia mística por meio dos símbolos poéticos. Este seria o desenvolvimento teórico do conceito de *Ciência da Cruz*, a partir da expressão simbólica da *doutrina mística* de São João da Cruz, tal como se entende na interpretação de Edith Stein[7].

Para que a relação entre a fenomenologia e a ciência simbólica da cruz seja estabelecida, é preciso verificar a aplicação do método fenomenológico na descrição da Ciência da Cruz, que ocorre na obra com o mesmo nome, fazendo relações com conceitos fundamentais que aparecem na obra de Edmund Husserl[8], como *origem* e *essência*. Uma das primeiras aplicações dessa espécie de fenomenologia da mística seria a análise do fenômeno

---

6. HUSSERL, EDMUND, *Ideias para uma fenomenologia pura e para uma filosofia fenomenológica. Introdução geral à fenomenologia pura*, trad. Márcio Suzuki, Aparecida, Ideias & Letras, 2006.

7. STEIN, EDITH, *A ciência da cruz. Estudo sobre São João da Cruz*, trad. Beda Kruse, São Paulo, Loyola, ⁴2004a, 257.

8. HUSSERL, EDMUND, *Logische Untersuchungen*, Zweiter Band, Erster Teil, Untersuchungen zur Phänomenologie und Theorie der Erkenntnis, in Zwei Bänden, Hrsg. von Ursula Panzer, Den Haag, Martinus Nijhoff, 1984 (Hua XIX/1).

e do comportamento religioso carmelita em sua dimensão antropológica, em uma perspectiva filosófica com a preocupação específica de observar, descrever e sistematizar o campo simbólico que aparece na Ciência da Cruz conforme a abordagem teórica de Edith Stein.

No caso do símbolo específico da cruz, objeto da interpretação de Edith Stein na obra *A ciência da cruz*[9], tateando esse conhecimento a partir dos fundamentos místicos e simbólicos deixados por São João da Cruz[10], uma possibilidade teorética seria analisar como é essa descrição fenomenológica da origem do símbolo da cruz baseado na metodologia utilizada por Edith Stein. A filósofa identificou a evidência inicial e os meios, especialmente linguísticos, que permitiram a percepção do sentido dos objetos simbólicos e a retomada dessa mesma intuição. Na clarificação epistemológica de Edith Stein é possível identificar a relação entre a expressão simbólica da experiência mística e a compreensão antropológica da estrutura da alma.

Para que sejam abordados os aspectos da estrutura da essência da alma, conforme o pensamento de Edith Stein e de São João da Cruz, podem-se encontrar os subsídios na própria obra da santa carmelita descalça, como *Ser finito e ser eterno*[11], em que, em meio a considerações metafísicas fundamentais, aparecem referências a elementos antropológicos que originam, no sentido fenomenológico, a perspectiva simbólica que expressa a maneira de experimentar a Deus e o universo conforme o simbolismo da Ciência da Cruz.

---

9. STEIN, EDITH, *A ciência da cruz. Estudo sobre São João da Cruz*, trad. Beda Kruse, São Paulo, Loyola, ⁴2004a, 257.

10. JOÃO DA CRUZ, SÃO, *Obras completas*, trad. Carmelitas descalças de Fátima, carmelitas descalças do convento de Santa Teresa et al., Petrópolis, Vozes, Carmelo Descalço do Brasil, 1996.

11. STEIN, EDITH, *L'Être fini et l'être éternel. Essai d'une atteinte du sens de l'être*, trad. G. Casella; F. A. Viallet, Louvain, Paris, Nawelaerts: Béatrice-Nawelaerts, 1972.

A problemática desse projeto de Ciência da Cruz, como estudo fenomenológico da origem dos símbolos místicos, gravita ao redor de problemas de teologia simbólica, antropologia filosófica e clarificação fenomenológica. O objetivo de Edith Stein, ao relacionar estas áreas do conhecimento, é elucidar os símbolos místicos da mística de São João da Cruz, que ela, como carmelita descalça, tem como pai espiritual.

2. O itinerário de Edith Stein: a busca da verdade como etapa na Ciência da Cruz

Em *A ciência da cruz*[12], que começa como um projeto intelectual incentivado pela ordem carmelita, visando ao quarto centenário de São João da Cruz (1542-1942), Edith Stein baseia-se, em parte, na análise que já havia feito da empatia fenomenológica e na *teoria da interioridade* que já havia aparecido na obra *Ser finito e ser eterno*[13], a qual foi influenciada pela fenomenologia husserliana, mas também pela filosofia escolástica, apresentando uma filosofia sobre o sentido do ser e uma comparação entre o pensamento cristão e a fenomenologia[14].

Nessa linha de pensamento, Edith Stein[15] viu a si mesma como uma filósofa cristã que trabalhou em uma perspectiva conci-

---

12. STEIN, EDITH, *A ciência da cruz. Estudo sobre São João da Cruz*, trad. Beda Kruse, São Paulo, Loyola, ⁴2004a.
13. STEIN, EDITH, *L'Être fini et l'être éternel. Essai d'une atteinte du sens de l'être*, trad. G. Casella; F. A. Viallet, Louvain, Paris, Nawelaerts: Béatrice-Nawelaerts, 1972.
14. ALES BELLO, ANGELA. Edith Stein (1891-1942). Filosofia e cristianismo, in: PENZO, GIORGIO; GIBELLINI, ROSINO (org.), *Deus na filosofia do século XX*, trad. Roberto L. Ferreira, São Paulo, Loyola, 1998, 313-322.
15. STEIN, EDITH, *L'Être fini et l'être éternel. Essai d'une atteinte du sens de l'être*, trad. G. Casella; F. A. Viallet, Louvain, Paris: Nawelaerts: Béatrice-Nawelaerts, 1972.

liadora entre Husserl e Santo Tomás de Aquino, na medida em que ambos assumiam uma dimensão objetiva da verdade que existe independentemente do sujeito e é buscada pela filosofia e pela ciência por meio da intuição original de verdades essenciais[16].

O tema da interioridade, assumindo esses pressupostos epistemológicos, tomistas e fenomenológicos, foi, de alguma maneira, aprofundado na obra *A ciência da Cruz*[17], na qual ela usa a doutrina de São João da Cruz[18] como painel de fundo para apresentar a atitude daquele que, diante do sofrimento, muda o centro de gravidade do espírito, polarizando-se em torno ao ser supremo e sacrificando a vontade pecadora. Tal renúncia permite a ascensão dos seres finitos ao sentido pleno do ser[19], o que foi buscado por Edith Stein por meio de uma rigorosa investigação filosófica, mas também auxiliado pela sua conversão ao cristianismo.

Na biografia de Edith Stein[20] também se pode identificar que ela passou das reflexões de Edmund Husserl sobre lógica e matemática para a fenomenologia, aumentando cada vez mais a importância das experiências religiosas e da transformação completa da alma na busca da verdade[21]. Foi por esse caminho,

---

16. STEIN, EDITH, La fenomenologia di Husserl e la filosofia di San Tommaso D'Aquino, in: ID., *Vie della conoscenza di Dio e alti scritti*, trad. Carla Bettinelli, pref. Sofia V. Rovighi, Roma, Messaggero Padova, 1983, 79-105.

17. STEIN, EDITH, *A ciência da cruz. Estudo sobre São João da Cruz*, trad. Beda Kruse, São Paulo, Loyola, ⁴2004a, 257.

18. JOÃO DA CRUZ, SÃO, *Obras completas*, trad. Carmelitas descalças de Fátima, carmelitas descalças do convento de Santa Teresa et al., Petrópolis, Vozes, Carmelo Descalço do Brasil, 1996.

19. STEIN, EDITH, *L'Être fini et l'être éternel. Essai d'une atteinte du sens de l'être*, trad. G. Casella; F. A. Viallet, Louvain, Paris, Nawelaerts: Béatrice-Nawelaerts, 1972.

20. Idem, *Vida de uma família judia e outros escritos autobiográficos*, trad. Maria do Carmo V. Wollny; Renato Kirchner, rev. Juvenal Savian Filho, São Paulo, Paulus, 2018, 543, Coleção Obras de Edith Stein.

21. Idem, *Natura, persona, mistica. Per uma ricerca cristiana della verità*, trad. Michele D'Ambra, Roma, Città Nuova, ²1999a.

que passou pela elucidação e clarificação dos temas relacionados com o simbolismo místico de São João da Cruz, que ela chegou a uma filosofia cada vez mais pessoal a partir da "grande verdade metafísica: a unidade entre conhecimento filosófico e a visão do mundo, de um lado; a unidade entre a doutrina e a vida, de outro (ou seja, a vida conforme a doutrina)"[22].

Entre 1918 e 1921, por meio da leitura dos *Exercícios espirituais* de Santo Inácio de Loyola e da *Autobiografia* de Santa Teresa d'Ávila, como também pelo exemplo de vida de alguns filósofos cristãos que pertenciam ao círculo de Husserl, o casal Reinach, Teodor Conrad e Hedwig Conrad Martius, aconteceu a conversão do judaísmo, ou melhor, do agnosticismo daqueles anos, ao catolicismo e teve início o retorno de Edith Stein em busca das fontes da filosofia cristã; a sua intenção, com efeito, não era abandonar a investigação racional, mas encontrar um acordo profundo entre a adesão ao cristianismo e a bagagem cultural que já possuía[23].

Nesse sentido, aparece a coerência de seu itinerário espiritual, que ocorreu após seu batismo em 1922, passando dos problemas estritamente filosóficos e fenomenológicos para a abertura ao catecismo católico, ao missal romano, ao breviário litúrgico e à ação pastoral como meios de contemplação do mistério[24]. A filósofa foi atraída apela oração pessoal e contempla-

---

22. LEUVEN, ROMEU; GELBER, L., Posfácio, in: STEIN, EDITH, *A ciência da cruz. Estudo sobre São João da Cruz*, trad. Beda Kruse, São Paulo, Loyola, ⁴2004, 258.
23. ALES BELLO, ANGELA, Edith Stein (1891-1942). Filosofia e cristianismo, in: PENZO, GIORGIO; GIBELLINI, ROSINO (org.), *Deus na filosofia do século XX*, trad. Roberto L. Ferreira, São Paulo, Loyola, 1998, 314.
24. UWE MÜLLER, ANDREAS; AMATA NEYER, MARÍA, *Edith Stein. Vida de una mujer extraordinaria*, trad. Constantino Ruiz-Garrido, Burgos, Editorial Monte Carmelo, 2004.

tiva de tal maneira que recomendava a oração diária para compreender a vontade de Deus na vida e no mundo[25]. Inspirada em Santa Teresa de Jesus[26], Edith Stein assume que as palavras das Sagradas Escrituras e os símbolos místicos são mais do que palavras para comunicar algo, pois são espécies de moradas em que deveríamos viver[27].

É desse amadurecimento profundo que nasce sua convicção religiosa e o empenho de sua energia vital na vida religiosa carmelita como uma opção para buscar a verdade plenamente. Em suas obras, Edith Stein assume, em certos aspectos, a perspectiva carmelita que marcou a sua vida, chegando a usar a imagem teresiana do castelo interior e das moradas para tratar da alma[28]. Se a oração nos coloca no centro da alma e em relação com Deus, nesse movimento para a própria interioridade a pessoa atualiza as potências do espírito e do intelecto.

Na visão mística, Santa Edith Stein concebeu, seguindo São João da Cruz, o último estágio humano do conhecimento da verdade possível a caminho. É possível descrever a experiência mística? Este é o tema que Edith Stein abordou em sua última obra, *Kreuzeswissenschaft. Studie über Johannes a Cruce*, analisando justamente os escritos de São João da Cruz, nos quais aparece uma ciência *sui generis*, a *scientia crucis*. Justamente porque permanece adepta do espírito de pesquisa que caracteriza a fenomenologia husserliana, está sempre viva nas análises de Edith Stein a exigência de

---

25. STEIN, EDITH, *Natura, persona, mistica. Per uma ricerca cristiana della verità*, trad. Michele D'Ambra, Roma, Città Nuova, ²1999a.

26. TERESA DE JESUS, SANTA, *Obras completas. Edición manual*, trad. e pref. Efren de la M. Dios; Otger Steggink, Madrid, Biblioteca de Autores Cristianos, ⁴1974.

27. SANCHO FERMÍN, FRANCISCO J., *A Bíblia lida pela mulher. Edith Stein e a Sagrada Escritura*, Marco de Canaveses, Edições Carmelo, 2007.

28. STEIN, EDITH, *Natura, persona, mistica. Per uma ricerca cristiana della verità*, trad. Michele D'Ambra, Roma, Città Nuova, ²1999a.

captar o que é essencial, a estrutura íntima e profunda dos fenômenos, das questões. Pode-se notar como tudo isso está presente na investigação sobre o significado da filosofia, da teologia, da fé; e torna a encontrar-se na análise da mística[29].

Pela experiência mística da cruz, Edith Stein mudou sua perspectiva epistemológica, considerando a experiência humana integral em todas as suas implicações. Isso não ocorreu por infidelidade à metodologia filosófica de Husserl, mas por um movimento fenomenológico mais profundo que também visava *o retorno às coisas mesmas*. Esse retorno é instalação pessoal, crente e amorosa no *Ser Supremo*, o qual é princípio, fundamento e finalidade de toda realidade finita e de toda vida pessoal, especialmente da vida humana compreendida à luz da "Ciência da Cruz". Esta trata principalmente da "elevação da alma a Deus pela cruz da noite passiva e ativa, e união matrimonial com Deus"[30]:

> Quando falamos em Ciência da Cruz, devemos entender que não se trata de uma ciência no sentido comum da palavra, nem somente de uma teoria, ou de um simples sistema de asserções verdadeiras. Tampouco de um sistema formal, fruto do pensamento lógico. Ela é, isto sim, uma verdade já aceita, uma teologia da cruz: verdade viva, real e eficaz, comparável a uma semente que, quando lançada na alma, deita raízes, dando-lhe características especiais e determinando-lhe a conduta. Ela brilha e transparece nas atitudes. É nesse sentido que se fala em ciência dos

---

29. ALES BELLO, ANGELA, Edith Stein (1891-1942). Filosofia e cristianismo, in: PENZO, GIORGIO; GIBELLINI, ROSINO (org.), *Deus na filosofia do século XX*, trad. Roberto L. Ferreira, São Paulo, Loyola, 1998, 318-319.
30. LEUVEN, ROMEU; GELBER, L., Posfácio, in: STEIN, EDITH, *A ciência da cruz. Estudo sobre São João da Cruz*, trad. Beda Kruse, São Paulo, Loyola, ⁴2004, 258.

santos e que falamos em Ciência da Cruz. É das características e energias vitais, latentes nas profundezas da alma, que nascem a concepção da vida e a perspectiva em que são encarados Deus e o universo, podendo, dessa maneira, ser caracterizadas e sintetizadas numa teoria. Assim é que a doutrina de nosso pai São João deve ser considerada[31].

É para completar o itinerário de busca da verdade, incluindo os dados da realidade que se apresentam nas experiências místicas relacionadas com o símbolo da cruz, que Edith Stein estabeleceu essa *ponte epistemológica* da clarificação fenomenológica de aspectos simbólicos e antropológicos da experiência mística com base na obra de São João da Cruz.

3. O papel da fenomenologia na Ciência da Cruz de Edith Stein

Na fenomenologia de Edith Stein, parte-se do sentido das palavras, separando cuidadosamente os diversos significados que se usam na linguagem ordinária e técnica, até penetrar nas coisas mesmas a fim de expor um sentido mais preciso para aquelas palavras iniciais. É preciso que as *coisas mesmas* designadas pelas palavras e símbolos sejam apresentadas ao sujeito de forma clara e intuitiva. Essa *"coisa"* que se alcança na análise fenomenológica propriamente dita não é a coisa concreta, nem é a cruz concreta, mas é algo universal, pois é a ideia ou a essência das coisas. Tal essência não é percebida pela experiência sensível, mas é intuída por meio de um ato intelectual específico: a intuição eidética.

---

31. STEIN, EDITH, *A ciência da cruz. Estudo sobre São João da Cruz*, trad. Beda Kruse, São Paulo, Loyola, ⁴2004a, 11-12.

A fenomenologia não propõe um sistema de proposições, mas um *olho fenomenológico* com algumas exigências: ausência de preconceitos que impeçam a visão espontânea da realidade, atenção ao que se apresenta originariamente na percepção, e direcionamento ao essencial para precisar rigorosamente seu sentido e alcance, superando a concepção ingênua do mundo.

Assim como há distintos modos de realidade ao redor do ser humano, é preciso ter modos distintos de ver, pois as diferentes formas das coisas se apresentarem exigem diferentes atitudes do sujeito cognoscente. A realidade religiosa também se apresenta ao olhar interior do ser humano e se ilumina quando o afã de saber se alia com a decisão de comprometer-se com os aspectos mais profundos do próprio ser.

Uma das questões relevantes de Stein é precisar o modo possível de união entre o ser finito e o ser infinito, como já se percebe nas análises de *Ser finito e ser eterno*. Pela fenomenologia, não se busca, por exemplo, a prova da existência de Deus, mas a compreensão daquilo que se manifesta ao crente no encontro com a divindade. Aplicadas aos símbolos místicos de São João da Cruz, a fenomenologia, na perspectiva de Edith Stein, é entendida como o estudo das condições de possibilidade da Ciência da Cruz, incluindo seus símbolos fundamentais.

A análise filosófica não exclui necessariamente a relação da consciência com o divino, pois a fenomenologia do símbolo místico estuda a consciência e seus fatores constitucionais na maneira religiosa. Tal fenomenologia da religião volta-se para a vida interior do místico que se deixa amoldar pelo símbolo da cruz. E as análises fenomenológicas incluiriam a atividade da oração entendida como uma forma de intencionalidade, na medida em que é, essencialmente, um ato de interioridade na relação empática entre a consciência humana e Deus. Nessa perspectiva, a análise fenomenológica mostra-se um meio de clarificar o simbolismo da experiência mística, assim como a estrutura da alma correspondente.

3.1. Sobre a aplicação da análise fenomenológica na Ciência da Cruz

A fenomenologia trata a questão da origem do conhecimento na subjetividade da consciência, que percebe as evidências das intuições dos dados autênticos e simbólicos, sejam da simbologia mística ou de qualquer área do conhecimento. A fenomenologia estuda como os objetos de conhecimento do místico aparecem na consciência, procurando explicar um conceito por meio da referência às operações mentais envolvidas na sua origem.

Na agenda da fenomenologia aparecem as investigações sobre análises das estruturas essenciais da consciência em termos de atos intencionais, incluindo seus conteúdos e objetos. A fenomenologia pode começar a "Ciência da Cruz" analisando os fundamentos da simbologia mística, e passando, depois, gradualmente, para as estruturas *a priori* da consciência em geral que formam a estrutura que torna o conhecimento possível.

Na busca da clarificação, a Ciência da Cruz utilizará os recursos fenomenológicos para buscar a origem do conceito primitivo em sua evidência original percebida pela consciência. As condições de uma teoria podem ser objetivas ou noéticas, a qual também é uma condição ideal, mas fundada a partir da subjetividade e voltada para o estudo da evidência. Esta é entendida como concordância entre o sentido do enunciado e o objeto que se intenciona, e esse acordo é a verdade. A fenomenologia, diferenciando-se da psicologia, estuda a possibilidade de um conhecimento evidente do ponto de vista objetivo e ideal da teoria do conhecimento e da ciência em geral[32].

O estudo filosófico da Ciência da Cruz, na perspectiva de Edith Stein, é "clarificação" (*Aufklärung*), isto é, estudo das condi-

---

32. HUSSERL, EDMUND, *Investigaciones lógicas 1*, trad. M. G. Morente; J. Gaos, Madrid, Alianza Editorial, 1999a.

ções de possibilidade de uma teoria mística em geral, incluindo seus conceitos fundamentais, suas formas conectivas elementares e as leis de implicações lógicas. Assim, a Ciência da Cruz não faria um sistema lógico como as disciplinas matemáticas, mas faria o esclarecimento das estruturas que tornam possível o conhecimento dos fenômenos místicos. O fenomenólogo busca a fundamentação que estava latente durante a experiência do poeta ou do místico, buscando a fonte fenomenológica. Neste trabalho, não interessará o juízo psicológico concreto, mas o juízo lógico como relação com o objeto intencionado, naqueles seus aspectos essenciais que permanecem idênticos, independentemente dos atos psicológicos.

Desenvolvendo a clarificação fenomenológica do simbolismo místico de São João da Cruz, Edith Stein continua a disciplina fenomenológica de Edmund Husserl como filosofia da consciência que não se estuda pelos métodos psicológicos propriamente ditos, mas pela fenomenologia dos conteúdos da consciência, buscando suas "veracidades" e suas "eidecidades" ou conteúdos relativos às essências eidéticas.

Essa estrutura de um objeto simbólico qualquer, decorrente dos invariantes daquilo que foi percebido na consciência, é chamada de essência ou *eidos*. Nesse sentido, pode-se falar em *ideação*, como a visão ou intuição da *essência originalmente doadora*, que ocorre, no exemplo clássico dado por Husserl[33], quando se percebe que um som é um som, sendo diferente de uma cor. Nesse caso, percebi características essenciais em um som que não aparecem na cor, ainda que não consiga descrever essa diferença linguisticamente. Da mesma forma, quando há um enunciado considerado correto sobre a experiência mística, a isso corresponde

---

33. Idem, *Ideias para uma fenomenologia pura e para uma filosofia fenomenológica. Introdução geral à fenomenologia pura*, trad. Márcio Suzuki, Aparecida, Ideias & Letras, 2006.

alguma intuição, isto é, algum ato que atesta a sua legitimidade. Esse ato é a *intuição doadora original* e, por seu meio, dou um sentido aos símbolos ou fatos que me levaram a percebê-lo.

A *visão* ou intuição de uma essência corresponde àquilo que faz com que algo seja o que é, como é expresso no seu conceito, assim como a *intuição empírica* ou intuição de fatos, isto é, o ato que corresponde aos objetos individuais ou existentes no espaço e no tempo, com uma forma física e suas contingências. Por exemplo: ao escrever um número em um papel branco, este poderá amarelar com o tempo, terá que ficar em algum lugar (espacial), mas ao intuir a essência do símbolo da *cruz* ou da *noite escura*, apreende-se uma *generalidade eidética*, isto é, um conjunto de características que são necessárias, inclusive quando alguém estiver sofrendo, de fato, as consequências da vivência da cruz.

No estudo fenomenológico, é preciso tornar eideticamente evidentes os dados que se pretende usar relativos ao objeto de estudo presente no fluxo da experiência vivida da própria consciência, isto é, em termos de pura imanência. A descrição fenomenológica é *pura* no sentido de que procurar respeitar e *salvar os fenômenos*, para que se preserve aquilo que se pretende compreender nas suas implicações e significações, assim como nas intenções sedimentadas e nos horizontes que possibilitaram a percepção.

A proposta é que a investigação fenomenológica se volte à *região de vividos puros*, por serem imediatamente dados, desprezando preconceitos, conforme a meta da ciência autêntica, isto é, da ciência baseada nos dados intuídos com evidência. Dessa maneira, voltamo-nos à esfera fenomenológica, atendo as suas premissas para evitar confundir as áreas do conhecimento e utilizar inadequadamente o método de uma ciência na outra.

A fenomenologia assume essa *pureza metodológica ao colocar em parênteses* os dados das regiões eidéticas particulares que foram deixadas *fora de circuito*, como uma medida para eliminação dos preconceitos do estudo em questão. A pureza metodológica implica, assim, na abstenção de preconceitos[34].

A característica de descrição pura é fundamental na fenomenologia. Por isso, as comprovações fenomenológicas ocorrem no âmbito da *epoché*[35] filosófica, isto é, abstendo-se de julgar acerca dos conteúdos doutrinais das ciências e filosofias previamente dados. Mesmo quando algum conteúdo simbólico é citado no estudo fenomenológico, o que é inevitável, isto ocorre com a intenção de levar à descrição eidética e não para deduzir conclusões diretamente delas, o que é fundamento na teoria da abstração de Husserl[36].

As descrições fenomenológicas de essências não precisam referir-se a fatos espaciais e temporais, mas a intuições de características que são válidas para uma generalidade de objetos. Na concepção epistemológica de Husserl, o valor da ciência depende em última análise da evidência objetiva. Por sua vez, no estudo fenomenológico da Ciência da Cruz, deve-se começar pelo fenômeno tal e qual aparece à consciência e passar-se para a busca da *origem* de essências objetivas, estudando as condições ideais que permitem o estudo da lógica pura ou suas condições noéticas[37].

Entretanto, o estudo das condições objetivas ideais possui certa autonomia em relação às investigações noéticas citadas

---

34. Ibidem.
35. Termo filosófico grego que significa "suspensão do juízo". Foi utilizado pelos primeiros filósofos céticos da Grécia Antiga. Ganhou um sentido especial na filosofia fenomenológica de Husserl, uma vez que é uma noção fundamental para essa operação inicial de purificar a percepção antes da descrição eidética buscada.
36. HUSSERL, EDMUND, *Logische Untersuchungen*, Zweiter Band, Erster Teil, Untersuchungen zur Phänomenologie und Theorie der Erkenntnis. In Zwei Bänden, Hrsg. von Ursula Panzer, Den Haag, Martinus Nijhoff, 1984 (Hua XIX/1).
37. Idem, *Logische Untersuchungen*, Erster Band, Halle a.S, Max Neimeyer, 1922, 111.

anteriormente. Por outro lado, os problemas críticos "prévios" ao estudo da Ciência da Cruz não devem bloquear indevidamente o avanço das pesquisas, por excesso de ênfase nos problemas preliminares. O mais exato, evitando a atitude ingênua criticada por Edmund Husserl[38], seria afirmar que existe um ramo da fenomenologia que é a *fenomenologia crítica*, isto é, a parte de cada uma dessas ciências que aborda os problemas que se apresentam ao investigador no estabelecimento das suas condições de possibilidade.

4. O ponto de partida da Ciência da Cruz na obra de São João da Cruz

A fenomenologia da mística carmelita, na abordagem de Edith Stein, apresenta contribuições importantes para a compreensão da experiência cristã. No seu livro sobre o "divino" em Husserl, a professora Ales Bello dedica uma atenção especial à mística cristã, que ela prefere explicar baseando-se nos elementos carmelitas e, mais especificamente, daquilo que foi pesquisado por Edith Stein: "esta fenomenóloga alemã dedicou algumas de suas importantes reflexões ao misticismo carmelita. Ela estava tão interessada que decidiu ingressar e tornar-se parte do mosteiro carmelita de Colônia como uma irmã de clausura"[39].

Edith Stein, como irmã carmelita, assumiu o nome Teresa Benedita da Cruz e teve oportunidade de fazer seu estudo sobre

---

38. HUSSERL, EDMUND, A ingenuidade da ciência, in: *Scientiae studia*, trad. Marcella M. M. Silva, São Paulo, v. 7, n. 4, dez. 2009. Disponível em: <http://www.scielo.br/pdf/ss/v7n4/a08v7n4.pdf>. Acesso em: 3 dez. 2011.

39. ALES BELLO, ANGELA, *The Divine in Husserl and Other Explorations*, trad. Antonio Calcagno, Dordrecht, Springer, 2009, 119. No original: *This german phenomenologist dedicated certain of her important reflections to Carmelite mysticism. She was so interested that she decided to enter and become part of the Carmelite monastery of Cologne as a cloistered nun*, tradução livre dos autores.

São João da Cruz quando se aproximava a comemoração dos 400 anos do nascimento do primeiro frei carmelita descalço. Ao considerar a teologia simbólica de "seu pai", como ela mesma se refere a São João da Cruz, a fenomenóloga parte do pressuposto da grande semelhança entre os símbolos da noite e da cruz. Apesar de esse símbolo receber bastante ênfase no pensamento de São João da Cruz[40], o simbolismo da noite é que predomina nos poemas e tratados, especialmente em *Subida do Monte Carmelo* e *Noite escura*. Poder-se-ia acrescentar a importância do tema da *esposa*, que aparece especialmente no *Cântico espiritual*.

> Edith Stein parte das obras de São João da Cruz e julga poder compreender através delas o significado da Ciência da Cruz; ressalta que a obra do santo pode ser considerada também de um ponto de vista teórico [...] mas, já que as coisas que se procura exprimir não podem ser apreendidas através do intelecto, a conceitualização resulta insuficiente; muito mais eficaz para a comunicação se mostra o instrumento da poesia e a utilização dos símbolos. Assim, a cruz e a noite são símbolos, a noite cósmica é símbolo da noite mística [...] Na noite se realiza a caminhada da alma, que é marcada por uma dupla crucifixão: a dos sentidos, efetuada ativamente pela alma, e aquela passivamente acolhida enquanto efetuada por Deus: o homem do pecado deve morrer[41].

A caracterização da vida e doutrina de São João da Cruz como *Ciência da Cruz* é muito importante para o pensamento de Edith Stein, tendo merecido valiosas análises dos sentidos

---

40. JOÃO DA CRUZ, SÃO, *Obras completas*, trad. Carmelitas descalças de Fátima, carmelitas descalças do convento de Santa Teresa et al., Petrópolis, Vozes, Carmelo Descalço do Brasil, 1996.
41. ALES BELLO, ANGELA, Edith Stein (1891-1942). Filosofia e cristianismo, in: PENZO, GIORGIO; GIBELLINI, ROSINO (org.), *Deus na filosofia do século XX*, trad. Roberto L. Ferreira, São Paulo, Loyola, 1998, 319.

simbólicos da noite e da cruz: "por esta razão, parece-nos conveniente examinar em profundidade a relação entre a cruz e a noite, a fim de obtermos a compreensão exata da importância da cruz da doutrina de São João"[42]. Nessa linha de pensamento, ela associa a *noite ativa* com a aceitação e tomada da cruz sobre si, enquanto a *noite passiva* será relacionada com a crucifixão como morte para o pecado. Aceitar a cruz é uma experiência exigente e complexa em termos antropológicos:

> Se [o santo] quiser partilhar com ele [Cristo] da vida, com ele deverá passar pela morte de cruz, e deverá, como Cristo, crucificar a sua própria natureza por uma vida de mortificação e renúncia, entregando-se à crucifixão pelos sofrimentos e pela morte, conforme Deus determinar e permitir. Quanto mais perfeita for a crucifixão ativa e passiva, tanto mais íntima será a união com o crucificado, e tanto maior será a participação na vida divina. Eis os traços principais que caracterizam a Ciência da Cruz; sempre o reencontraremos ao penetrar a doutrina de São João e ao acompanhá-lo ao longo de sua vida. Haveremos de mostrar que foram essas forças dinâmicas que plasmaram profundamente sua vida e sua obra[43].

4.1. A aplicação da fenomenologia na análise dos símbolos místicos de São João da Cruz

Edith Stein utiliza o método fenomenológico no conjunto de sua obra sobre a Ciência da Cruz, pois é um instrumental que está incorporado em sua personalidade intelectual, mas ela faz uso da fenomenologia especialmente quando passa para a

---

42. STEIN, EDITH, *A ciência da cruz. Estudo sobre São João da Cruz*, trad. Beda Kruse, São Paulo, Loyola, ⁴2004a, 40.
43. Idem, 35.

descrição das experiências vividas. Na Ciência da Cruz, interessa as experiências do estado místico, incluindo dimensões intelectuais, voluntárias e afetivas. Isso se justifica porque a interioridade, onde o místico busca a Deus, é o terreno privilegiado da investigação fenomenológica proposta. Seguindo essa metodologia, a fenomenóloga interpreta São João da Cruz acompanhando-o em suas experiências interiores sem impor preconceitos intelectuais. O objetivo do tratado é a análise da própria experiência mística referente à Ciência da Cruz, na qual:

> Quando de fato se crê, as verdades da fé e as obras maravilhosas de Deus tornam-se conteúdo da vida, a ponto de as demais coisas perderem a importância ou receberem também a marca desse conteúdo. É a isso que chamamos "objetividade dos santos", expressão que designa a receptividade interna e primária da alma, renascida pelo Espírito Santo. Tudo quanto se aproxima dessa alma será captado, com profunda sensibilidade. Nela existe uma energia livre, por um lado, de falsas inibições e empecilhos, e dotada, por outro, de sutileza, vitalidade e impressionabilidades suficientes para lhe permitirem ser fácil e prazerosamente plasmada e dirigida por aquilo que acolher. As energias da alma, ao se aproximarem nessas condições das verdades da fé, chegam à ciência dos santos. E o mistério da cruz, ao tornar-se forma interior, converte-se em Ciência da Cruz[44].

Na apreciação do sujeito que experimenta o símbolo místico da cruz, Edith Stein também considera, além da *objetividade dos santos*, a *objetividade da criança*, como recepção vigorosa e espontânea da mensagem simbólica, e a *objetividade de artista*, que concebe uma forma interior ao símbolo conforme uma

---

44. STEIN, EDITH, *A ciência da cruz. Estudo sobre São João da Cruz*, trad. Beda Kruse, São Paulo, Loyola, ⁴2004, 12-13.

determinada categoria valorativa. Assim, ao analisar fenomenologicamente as condições interiores que permitiram que São João da Cruz deixasse moldar sua vida como um todo de acordo com o símbolo da cruz, irmã Teresa Benedita da Cruz aproxima-se da teologia simbólica. O tema do estudo não é Deus propriamente dito, mas a criação, entendida como símbolo em que Deus se revela e se oculta simultaneamente. Sem fazer uma ciência sistemática, a fenomenóloga se direciona para a teologia mística, e as palavras sobre a Ciência da Cruz e seu simbolismo procedem melhor de um ser que teve determinadas experiências místicas.

Ao elucidar temas da teologia simbólica, como a noite expressa a experiência de Deus e a cruz que expressa a imitação de Cristo, Edith Stein assume um sentido fortemente místico de símbolo, pressupondo que "algo da plenitude do sentido das coisas penetra a mente humana e é captado e apresentado de tal maneira que a plenitude do sentido [...] seja misteriosamente insinuada"[45]. Dessa forma, o símbolo revela algo sagrado que, manifestando-se como algo exterior, ao ser interiorizado, passa a ser estímulo para uma transformação da própria alma, para que esta se amolde às verdades da fé. Também se fala em Ciência da Cruz como referência ao sofrimento que caracteriza a transformação da alma nesse processo de santificação.

Na relação entre o símbolo místico da cruz e a alma que o recebe com *objetividade própria* de santo, criança ou artista, a exemplo de São João da Cruz, surge a necessidade de descrever a estrutura da alma que possibilita essa conformação própria da Ciência da Cruz, a qual é a ciência dos santos. Entre os três capítulos da obra *A ciência da cruz*, sendo o último um fragmento interrompido pela morte da autora no campo de concentração, é especialmente no segundo que aparece um pensamento próprio dela como uma filosofia da pessoa humana, coerente com

---

45. Idem, 14.

a sua metodologia fenomenológica e com a teoria da interioridade manifestada na obra *Ser finito e ser eterno*.

Na Ciência da Cruz, com o tema da relação entre o pensamento sobre a interioridade, por um lado, e a compreensão da oração e do itinerário místico, por outro, aparecem as leis fundamentais do ser espiritual e coloca-se o problema da estrutura da alma como eu, liberdade, espírito e pessoa. Edith Stein apresenta uma concepção de pessoa como ser espiritual que é capaz, paradoxalmente, de dar de si sem se perder, recolher-se sem se recluir e ser autônomo ao arriscar-se nessa relação de empatia, entregando-se a Deus que não quer rival. A partir de certo ponto, nesse aprofundamento da análise, Stein percebe que, em certo sentido, ultrapassa a descrição antropológica de "seu pai", São João da Cruz:

> O que ficou dito sobre a estrutura da essência da alma, principalmente no tocante à relação entre a liberdade e o íntimo, não é de autoria de São João da Cruz. É, pois, necessário, verificar se isso está de acordo com a sua doutrina e se é útil para melhor realçá-la. [...] À primeira vista, parece-nos que algumas das ideias expostas são inconciliáveis com certas afirmações do santo[46].

Na Ciência da Cruz reaparece a filosofia steiniana da pessoa humana. Nos seus estudos sobre empatia, Edith Stein[47] já havia mostrado que para transitar ao outro a partir de si mesmo é preciso expor o conteúdo de si mesmo em que se apoia o eu. Neste, há uma peculiar especificação essencial correspondente à singularidade do eu. Os estudos fenomenológicos sobre a estru-

---

46. Idem, 135-136.
47. STEIN, EDITH, *Zum Problem der Einfühlung* (Teil II–IV der unter dem Titel: Das Einfühlungsproblem in seiner historischen Entwicklung und in phänomenologischer Betrachtung vorgelegten Dissertation), Referent: Herr Professor Dr. Husserl, Halle, Buchdruckerei des Waisenhauses, 1917, 105 p. (ESW IV), Köln, Karmelitinnenkloster Maria vom Frieden.

tura formal da pessoa e a unidade do eu, consciente de si mesmo, levam a considerar a essência da pessoa como o mais próprio, atribuindo ao outro, empaticamente, unicidade e originalidade. A fenomenóloga também fez esse exercício filosófico em relação a seu pai espiritual, São João da Cruz, na medida em que parece tentar sentir o que ele sente, colocando-se na atitude dele[48].

O ponto de partida da análise que Edith Stein adotou para elaborar a Ciência da Cruz é a linguagem poética e os símbolos usados por São João da Cruz, seu pai espiritual no Carmelo Descalço. Os símbolos mostram algo da experiência mística, mas também ocultam. Como explicou a professora Ales Bello: "as imagens são necessárias para exprimir o que está acontecendo na alma, mesmo que as faculdades intelectiva e imaginativa sejam inadequadas para exprimi-lo [...] Termos ligados à experiência natural, que assumem um valor simbólico, são mais compreensíveis do que as refinadas análises intelectuais"[49].

A experiência do santo é tão pessoal que chega a ser inefável em alguns aspectos, destacando a importância da linguagem poética dos símbolos, os quais são necessários, mas equívocos, dada a própria relação entre exterioridade e interioridade no ser humano. Esse *silêncio dialogado* da oração abate as pretensões autárquicas do ser humano e faz iluminar a interioridade conforme as fontes sagradas que dão um sentido último para a sua vida. A oração, mediante o símbolo, é um nexo entre obscuridade e iluminação: *a corrente que desta fonte vem, é forte e poderosa, eu sei-o bem, mesmo de noite*[50].

---

48. STEIN, EDITH, *Natura, persona, mistica. Per uma ricerca cristiana della verità*, trad. Michele D'Ambra, Roma, Città Nuova, ²1999a.
49. ALES BELLO, ANGELA, Edith Stein (1891-1942). Filosofia e cristianismo, in: PENZO, GIORGIO; GIBELLINI, ROSINO (org.), *Deus na filosofia do século XX*, trad. Roberto L. Ferreira, São Paulo, Loyola, 1998, 318-319.
50. JOÃO DA CRUZ, SÃO, *Obras completas*, trad. Carmelitas descalças de Fátima, carmelitas descalças do convento de Santa Teresa et al., Petrópolis, Vozes, Carmelo Descalço do Brasil, 1996, 44.

Descrevendo a estrutura antropológica do santo que abraça a cruz de Cristo, a clarificação fenomenológica, no sentido atribuído por Edith Stein, é enriquecida por elementos de origem cristã e presta sua ajuda à teologia simbólica. Em São João da Cruz, esse simbolismo poético tem origem na experiência vivida, como uma "ramificação frondosa de uma árvore, cujas raízes estão firmadas no âmago da alma do santo, cuja seiva é sangue de seu coração e cujos frutos encontramos em sua vida"[51].

---

51. STEIN, EDITH, *A ciência da cruz. Estudo sobre São João da Cruz*, trad. Beda Kruse, São Paulo: Loyola, ⁴2004, 221.

CONSIDERAÇÕES FINAIS

> *Autoaperfeiçoamento do ser,*
> *união com Deus e atuação pela*
> *união dos outros com Deus*
> *e seu aperfeiçoamento do ser*
> *caminham inseparavelmente juntos*[1].
>
> SANTA EDITH STEIN

Na perspectiva do desenvolvimento da filosofia fenomenológica, manifestam-se alguns desafios que poderão motivar futuras pesquisas. Aprofundando a reflexão sobre os textos e a biografia de Santa Edith Stein, pode-se identificar o seu movimento intelectual "para além de Husserl". Pode-se constatar nos escritos steinianos um vivo interesse antropológico, uma percepção da totalidade do ser humano. Esta é uma reflexão sobre a pessoa humana em suas diversas investigações filosóficas. A obra de Edith Stein permite o desenvolvimento de uma

---

1. STEIN, EDITH, *Na força da cruz*, trad. Hermann Baaken, São Paulo, Cidade Nova, ³2007a, 89.

nova filosofia da pessoa humana, possibilitando uma melhor compreensão antropológica sem nunca perder de vista a completude do ser humano.

Este livro partiu das lacunas deixadas por Edmund Husserl[2] para refletir sobre a obra *O problema da empatia*[3], de Edith Stein. Do conceito steiniano de empatia, desenvolvemos sua contribuição para a ética possibilitando um agir ético. No último capítulo desta obra, refletimos sobre a *Ciência da Cruz*, pensando a interpretação fenomenológica dos símbolos místicos na perspectiva proposta por Edith Stein. Nesse itinerário intelectual, passamos por aspectos biográficos da filósofa, a fim de situar sua obra no "tempo e no espaço" e no contexto da própria história do movimento fenomenológico.

Edith Stein estava determinada a compreender a estrutura da pessoa humana e ela se convenceu de que a fenomenologia era a melhor abordagem para seguir essa investigação. A partir da obra *O problema da empatia*, manifestam-se desafios que poderão motivar futuras pesquisas na área das ciências humanas em geral, procurando compreender o conceito de pessoa e sua estrutura psíquica, corporal e espiritual.

No primeiro capítulo apresentamos o conceito de empatia. Para Edith Stein, a empatia é uma vivência que nos possibilita "colher" a mesma experiência alheia. Devemos, pois, entender que este "mesma" se refere ao objeto vivenciado, ao conteúdo experienciado e não à intensidade vivencial particular. Já sobre o fato de a empatia ser um ato constitutivo da pessoa humana, isso a torna uma vivência estruturalmente universal. A pessoa

---

2. VARGAS, CARLOS E. DE C., *Origens da fenomenologia. O desenvolvimento inicial da filosofia de Edmund Husserl*, Rio de Janeiro, Multifoco, 2018.

3. STEIN, EDITH, *Zum Problem der Einfühlung* (Teil II–IV der unter dem Titel: Das Einfühlungsproblem in seiner historischen Entwicklung und in phänomenologischer Betrachtung vorgelegten Dissertation), Referent: Herr Professor Dr. Husserl, Halle, Buchdruckerei des Waisenhauses, 1917, ESW IV, Köln, Karmelitinnenkloster Maria vom Frieden.

humana é corpo e dentro das características do "corpo próprio" encontra-se a apreensão. Esta, por sua vez, é uma capacidade não psicofísica, mas espiritual e está sujeita a uma lei racional dotada de compreensibilidade[4].

Esse aprofundamento da metodologia fenomenológica aplicada ao conceito de empatia poderia ser generalizado para o pensamento filosófico em geral. As futuras pesquisas poderiam, por exemplo, ser desenvolvidas na aplicação da clarificação fenomenológica aplicada à descrição do alcance dessa psicologia da estrutura humana que permite a empatia, considerando principalmente as noções antropológicas relacionadas (corpo, sentimento, vontade etc.). A empatia também se relaciona com as ciências humanas e sociais em geral. A temática ampla da empatia corresponde a diversos temas centrais para a psicologia, a filosofia, a ética, a sociologia, a teoria política e para as ciências humanas em geral[5].

No segundo capítulo nos voltamos à análise das vivências comunitárias. Edith Stein estabelece a diferenciação nas relações entre indivíduos que se colocam um diante do outro como objeto e a outra relação em que os indivíduos se reconhecem como sujeitos. A primeira é uma relação em sociedade e a segunda se trata de uma relação comunitária. Esta última, ao reconhecer o outro como sujeito, se adapta mais às exigências do ato empático, que é um ato vivencial do espírito.

Devemos deixar muito claro que o ato da empatia não aniquilará os conflitos. Devo "amar meu inimigo", mas isso não fará

---

4. FARIAS, MOISÉS ROCHA, *A empatia como condição de possibilidade para o agir ético*, Dissertação de Mestrado em Filosofia, Fortaleza, Universidade Estadual do Ceará, 2013, 97 f.

5. FARIAS, MOISÉS ROCHA; VARGAS, CARLOS E. DE C., Análise fenomenológica da empatia na perspectiva do desenvolvimento de uma filosofia da pessoa humana, *Revista Steiniana*, Santiago, v. II, n. 2, 2018. Disponível em: <http://revistasteiniana.uc.cl/es/volumenes/steiniana-vol-ii-n-2-2018/66-c-articulos/117-analise-fenomenologica-da-empatia-na-perspectiva-do-desenvolvimento-de-uma-filosofia-da-pessoa-humana>. Acesso em: 26 jan. 2019.

com que ele deixe de ser meu inimigo, apesar de amá-lo. O ato empático reconhece o outro como pessoa e, mesmo em meio aos conflitos, reconhece nele um ser semelhante a mim, não o tratando como objeto. Ao resguardar a dignidade do outro como ser humano, com suas consequências práticas, trabalha-se a própria humanização.

É, pois, na relação entre indivíduo e comunidade que se estabelece o ambiente propício, não exclusivo, onde a vivência empática pode estabelecer a base para uma vivência ética de seus participantes. A empatia, sendo uma vivência espiritual, tem, intrinsecamente, a exigência de que a tomada de consciência do outro seja a de alguém semelhante a mim, levando em conta as suas vivências interiores e resguardando assim a dignidade da pessoa humana[6].

Na sua tese de doutorado, Edith Stein se refere à empatia, inclusive, no relacionamento da pessoa com Deus[7]. Além da empatia, essa abertura para o "outro" em geral talvez seja fundamental para a fenomenologia. Há muitas possibilidades para problematizar epistemologicamente esse fenômeno amplo e difuso do conhecimento do outro como pessoa que também possui sua respectiva consciência.

Na busca da compreensão dessa experiência empática dos outros, Edith Stein ofereceu uma colaboração que merece ser aprofundada naquilo que se refere à tese *Sobre o problema da empatia*, mas também ao conjunto de sua obra, na medida em que desenvolve os princípios de uma filosofia fenomenológica da

---

6. FARIAS, MOISÉS ROCHA, *A empatia como condição de possibilidade para o agir ético*, Dissertação, Fortaleza, Universidade Estadual do Ceará, 2013, 97 f.

7. STEIN, EDITH, *Zum Problem der Einfühlung* (Teil II–IV der unter dem Titel: Das Einfühlungsproblem in seiner historischen Entwicklung und in phänomenologischer Betrachtung vorgelegten Dissertation), Referent: Herr Professor Dr. Husserl, Halle, Buchdruckerei des Waisenhauses, 1917, ESW IV, Köln, Karmelitinnenkloster Maria vom Frieden, 15.

pessoa humana. Nesse sentido, a *Ciência da Cruz*, de Edith Stein, tema do nosso último capítulo, encontrou um objeto de interesse especial para as pesquisas no simbolismo de São João da Cruz, que conseguiu expressar tantos aspectos da vivência do mistério da "cruz" e da "noite escura".

Também é interessante aprofundar esse estudo fenomenológico pensando-se em outros poetas, artistas e santos que expressaram aspectos relevantes do objeto desse projeto de ciência fenomenológica. Considerando que São João da Cruz e Santa Teresa Benedita da Cruz foram carmelitas descalços, seria interessante estudar também a obra de Santa Teresa de Jesus, também conhecida como Santa Teresa d'Ávila. Essa monja, que recebeu do Papa São Paulo VI o título de Doutora da Igreja, foi autora de livros, cartas e poemas que influenciaram especialmente a profunda experiência mística de Edith Stein em sua passagem do judaísmo para o cristianismo. Nessa perspectiva, podem-se indicar possibilidades de estudos comparados por meio da fenomenologia dos símbolos místicos carmelitas, para verificar essa antropologia filosófica da Ciência da Cruz steiniana com base na obra teresiana.

Por outro lado, no aprofundamento epistemológico da Ciência da Cruz, baseado na clarificação fenomenológica, podem-se pesquisar também os desdobramentos filosóficos dessa descrição das condições antropológicas em que se realiza a intuição da essência dos símbolos, ampliando a perspectiva deste estudo para os fenômenos místicos manifestados nas diversas culturas e religiões. A ampliação das pesquisas da Ciência da Cruz será uma oportunidade de desenvolver fenomenologicamente alguns conceitos de Edith Stein relacionados com a sua psicologia e antropologia, como empatia, eu, liberdade e pessoa[8].

---

8. VARGAS, CARLOS E. DE C., A clarificação fenomenológica de Edith Stein. Ponte epistemológica entre a antropologia filosófica e a teologia simbólica, in: *Interações* – Cultura e Comunidade, Uberlândia, v. 7, n. 12, p. 165-181 (jul./

Em suma, neste trabalho esperamos ter contribuído para o preenchimento da lacuna existente nos estudos sobre Edith Stein, mulher e filósofa que pensou o seu tempo e soube, com destemor, dar respostas válidas. Com base em sua vitalidade e originalidade, também nos sentimos convidados a pensar e dar respostas ao nosso tempo, estabelecendo as bases teóricas para a formação de indivíduos empáticos e cidadãos éticos[9].

Concluímos o livro parafraseando as considerações de São João Paulo II sobre a relação entre a fé e a razão, especialmente naquilo que se refere à teologia e à filosofia. A reflexão sobre o itinerário espiritual de Santa Edith Stein contribui para que as novas gerações avancem na "busca da verdade"[10]. Espera-se que esta grande tradição filosófica-teológica encontre, hoje e no futuro, seus continuadores e estudiosos para o bem da Igreja e da humanidade[11].

---

dez. 2012). Disponível em: <http://periodicos.pucminas.br/index.php/interacoes/article/view/6150>. Acesso em: 2 fev. 2019.

9. FARIAS, MOISÉS ROCHA, *A empatia como condição de possibilidade para o agir ético*, Dissertação, Fortaleza, Universidade Estadual do Ceará, 2013, 97 f.

10. PAPA JOÃO PAULO II, Carta Encíclica *Fides et Ratio. Sobre as relações entre fé e razão*, trad. Libreria Editrice Vaticana, São Paulo, Paulus, ²1998, 77.

11. Idem, 78.

REFERÊNCIAS BIBLIOGRÁFICAS

ALES BELLO, Angela. Edith Stein (1891-1942). Filosofia e cristianismo. In: PENZO, Giorgio; GIBELLINI, Rosino (org.). *Deus na filosofia do século XX*. Trad. Roberto L. Ferreira. São Paulo: Loyola, 1998, 313-322.

——. The Human Being and its Soul in Edith Stein. In: TYMINIECKA, Anna-Teresa. *The Passions of the Soul. In the Metamorphosis of Becoming*. Dordrecht: Kluwer, 2003, 57-66.

——. *Fenomenologia e ciências humanas. Psicologia, história e religião*. Trad. Miguel Mahfoud; Marina Massimi. Bauru: EDUSC, 2004, 330 p.

——. *Introdução à fenomenologia*. Trad. Jacinta T. Garcia; Miguel Mahfoud. Bauru: EDUSC, 2006a.

——. *A fenomenologia do ser humano*. Bauru: EDUSC, 2006b.

——. *The Divine in Husserl and Other Explorations*. Trad. Antonio Calcagno. Dordrecht: Springer, 2009.

ALMEIDA, Renaldo E. de. A empatia em Edith Stein. *Cadernos IHU*, São Leopoldo, ano 12, n. 48, 2014, 59 p.

BASEHEAR, M. On the Problem of Empathy. Foreword to the Third Edition. In: STEIN, Edith. *On the Problem of Empathy. The Collected Works of Edith Stein*, v. 3. Third Revised Edition. Translated by Waltraut Stein. Washington, D.C.: ICS Publications: Kluwer Academic Publishers, 1989.

COELHO JÚNIOR, Achilles G.; MAHFOUD, Miguel. A relação pessoa-comunidade na obra de Edith Stein. *Memorandum*, Belo Horizonte, v. 11, 2006, 8-27. Disponível em: <http://www.fafich.ufmg.br/~memorandum/a11/coelhomahfoud01.htm>. Acesso em: 2 set. 2012.

FABRETTI, Vittoria. *Edith Stein. Uma vida por amor*. Trad. Antonio E. Feltrin. São Paulo: Paulinas, ⁵2012, 78 p.

FARIAS, Moisés Rocha. *A empatia como condição de possibilidade para o agir ético*. Dissertação de Mestrado em Filosofia. Fortaleza: Universidade Estadual do Ceará, 2013, 97 f.

FARIAS, Moisés Rocha. SANTOS, Gilfranco Lucena (org.). *Edith Stein: a Pessoa na Filosofia e nas Ciências Humanas*. São Paulo: Fonte Editorial, 2014, 301 p.

FARIAS, Moisés Rocha; VARGAS, Carlos E. de C. Análise fenomenológica da empatia na perspectiva do desenvolvimento de uma filosofia da pessoa humana. *Steiniana*, Santiago: v. II, n. 2, 2018. Disponível em: <http://dx.doi.org/10.7764/Steiniana.2.2018.1>. Acesso em: 20 jan. 2019.

FELDMANN, Christian. *Edith Stein. Judia, ateia e monja*. Bauru: EDUSC, 2001.

FIDALGO, António. *O realismo da fenomenologia de Munique*. Covilhã: LusoSofia Press, 2011.

GARCIA, Jacinta Turolo. *Edith Stein e a formação da pessoa humana*. São Paulo: Loyola, ²1988, 141 p.

———. *Santa Edith Stein. Da universidade aos altares*. Bauru: EDUSC, 1998, 48 p.

HUSSERL, Edmund. *Logische Untersuchungen*. Erster Band, Halle a.S: Max Neimeyer, 1922. Disponível em: <http://www.princeton.edu/~batke/phph/husserl/>. Acesso em: 3 jul. 2006.

———. *Ideen zur einer reinen Phänomenologie und phänomenologischen Philosophie*. Zweites Buch: Phänomenologische Untersuchungen zur Konstitution. Hrsg. von Marly Biemel. Den Haag: Martinus Nijhoff, 1952 (Hua IV).

——. *Cartesianische Meditationen und Pariser Vorträge*. Hsg. von S. Strasser. 2. Auflage. Den Haag: Martinus Nijhoff, 1973a (Hua I).

——. *Zur Phänomenologie der Intersubjektivität*. Texte aus dem Nachlass. Erster Teil. 1905-1920. Hsg. Von Iso Kern. Den Haag: Martinus Nijhoff, 1973b (Hua XIII).

——. *Logische Untersuchungen*. Erster Teil. Prolegomena zur reinen Logik. Text der 1. und der 2. Auflage. Hrsg. von Elmar Holenstein. Den Haag: Martinus Nijhoff, 1975 (Hua XVIII).

——. *Ideen zu einer reinen Phänomenologie und phänomenologischen Philosophie*. Erstes Buch: Allgemeine Einführungin die reine Phänomenologie 1. Halbband: Text der 1.-3. Auflage-Nachdruck. Hrsg. von K. Schuhmann. Den Haag: Martinus Nijhoff, 1976 (Hua III/1).

——. *Logische Untersuchungen*. Zweiter Band, Erster Teil. Untersuchungen zur Phänomenologie und Theorie der Erkenntnis. In Zwei Bänden. Hrsg. von Ursula Panzer. Den Haag: Martinus Nijhoff, 1984 (Hua XIX/1).

——. *Investigaciones lógicas 1*. Trad. M. G. Morente; J. Gaos. Madrid: Alianza Editorial, 1999a.

——. *Investigaciones lógicas 2*. Trad. M. G. Morente; J. Gaos. Madrid: Alianza Editorial, 1999b.

——. *Urteilstheorie. Vorlesung 1905*. Hrsg. von Elisabeth Schuhmann. Dordrecht: Kluwer Academic Publishers, 2002, Hua Mat V.

——. *Ideias para uma fenomenologia pura e para uma filosofia fenomenológica. Introdução geral à fenomenologia pura*. Trad. Márcio Suzuki. Aparecida: Ideias & Letras, 2006.

——. A ingenuidade da ciência. Trad. Marcella M. M. Silva. *Scientiae studia*. São Paulo, v. 7, n. 4, dez. 2009. Disponível em: <http://www.scielo.br/pdf/ss/v7n4/a08v7n4.pdf>. Acesso em: 3 dez. 2011.

JAPIASSÚ, Hilton. MARCONDES, Danilo. *Dicionário básico de filosofia*. Jorge Zahar Editor: Rio de Janeiro, 2001.

JOÃO DA CRUZ. *Obras completas*. Trad. Carmelitas descalças de Fátima, carmelitas descalças do convento de Santa Teresa et al. Petrópolis: Vozes, Carmelo Descalço do Brasil, 1996.

JOÃO PAULO II. *Carta Encíclica Fides et Ratio. Sobre as relações entre fé e razão*. Trad. Libreria Editrice Vaticana. São Paulo: Paulus, ²1998, 111 p.

LEUVEN, Romeu; GELBER, L. Posfácio. In: STEIN, Edith. *A ciência da cruz. Estudo sobre São João da Cruz*. Trad. Beda Kruse. São Paulo: Loyola, ⁴2004, 257-258.

LIPPS, Theodor. *Leitfaden der Psychologie. Dritte, teilweise umgearbeitete Auflage*. Leipzig: Verlag von Wilhelm Engelmann, 1909.

MACINTYRE, Alasdair. *Edith Stein. Un prólogo filosófico* (1913-1922). Trad. Feliciana M. Escalera. Granada: Nuevo Inicio, 2008, 328 p.

McDANIEL, Kris. Edith Stein. On the Problem of Empathy. SCHLIESSER, Eric (ed.). *Ten Neglected Philosophical Classics*. Oxford University Press, 2014.

MIRIBEL, Elisabeth de. *Edith Stein. Como ouro purificado pelo fogo*. Aparecida: Santuário, 2001.

MOHANTY, Jitendra N. The development of Husserl's thought. In: SMITH, Barry; SMITH, David W. (org.). *The Cambridge Union to Husserl*. Cambridge: Cambridge University Press, 1995, 45-77.

MOLINARO, Aniceto. El pensamiento filosófico de Edith Stein. Fenomenología como ciencia estricta. In: CORETH, Emerich; NEIDL, Walter et al. *Filosofía cristiana en el pensamiento católico de los siglos XIX y XX*. Trad. Eloy R. Navarro. Madrid: Encuentro, 1994, 596-633.

MORAN, Dermot. The Problem of Empathy. Lipps, Scheler, Husserl and Stein. In: KELLY, Thomas A.; ROSEMANN, Phillip W. *Amor Amicitiae. On the Love that is Friendship. Essays in Medieval Thought and Beyond in Honor of the Rev. Professor James McEvoy*. Leuven: Peeters, 2004.

Nenon, Thomas. Edmund Husserl. In: Ansell-Pearson, Keith; Schrift, Alan D. *The new century. Bergsonism, Phenomenology, and Responses to Modern Science*. v. 3: The History of Continental Philosophy. Chicago: The University of Chicago Press, 2010, 149-170.

Pedra, José Alberto. *Edith Stein. Uma santa em Auschwitz*. Curitiba: Rosário, 1998, 67 p.

Sancho Fermín, Francisco J. *A Bíblia lida pela mulher. Edith Stein e a Sagrada Escritura*. Marco de Canaveses: Edições Carmelo, 2007, 206 p.

———. *100 fichas sobre Edith Stein*. Avessadas: Edições Carmelo, 2008, 246 p.

Sancho Fermín, F.; Urkiza, J. Introducción. In: Stein, Edith. *Obras completas*, v. IV. Escritos Antropológicos y Pedagógicos (Magisterio de vida cristiana, 1926-1933). Urquiza, Julen; Sancho Fermín, Francisco J. (org.) Burgos: Editorial Monte Carmelo; Vitoria: Ediciones El Carmen; Madrid: Editorial de Espiritualidad, 2003.

Savian Filho, Juvenal. *O toque do inefável. Apontamentos sobre a experiência de Deus em Edith Stein*. Bauru: EDUSC, 2000, 29 p.

———. A empatia segundo Edith Stein. Pode-se empatizar a "vivência" de alguém que está dormindo? In: Id. (org.). *Empatia. Edmund Husserl e Edith Stein — apresentações didáticas*. São Paulo: Loyola, 2014, 29-52.

Sawicki, Marianne. *Body, Text and Science. The Literacy of Investigative Practices and the phenomenology of Edith Stein*. Dordrecht: Kluwer, 1997.

Schuhmann, Karl. *Husserl-Chronik. Denk und Lebensweg Edmund Husserls*. Husserliana — Dokumente, Band I. Dordrecht: Martinus Nijhoff, 1981.

Sciadini, Patrício. *Edith Stein. Holocausto para o seu povo*. São Paulo: Loyola, 1999, 145 p.

———. *Edith Stein diz...* São Paulo: Loyola/Carmelitanas, 2005, 72 p.

SCIADINI, Patrício; ALVES, George. *Rezar com Santa Teresa d'Ávila. Grupo de Oração Teresiana*. São Paulo: Loyola/Carmelitanas, ²2002.

SOIFER, Miguelina. *La expresión místico-poética. Valéry y San Juan de la Cruz*. Curitiba: Editora UFPR, 1983, 134 p.

STEIN, Edith. *Zum Problem der Einfühlung* (Teil II–IV der unter dem Titel: Das Einfühlungsproblem in seiner historischen Entwicklung und in phänomenologischer Betrachtung vorgelegten Dissertation). Referent: Herr Professor Dr. Husserl. Halle: Buchdruckerei des Waisenhauses, 1917. 105 p. (ESW IV). Köln: Karmelitinnenkloster Maria vom Frieden. Disponível em: <http://www.edith-stein-archiv.de/wp-content/uploads/2014/10/05_EdithSteinGesamtausgabe_ZumProblemDerEinfuehlung_Teil_II_IV.pdf>. Acesso em: 3 jul. 2017.

——. *Der Aufbau der menschlichen Person. Vorlesungen zur philosophischen Anthropologie*. Münster 1932/33. 133 p. (ESW XIV). Köln: Karmelitinnenkloster Maria vom Frieden. Disponível em: <http://www.edith-stein-archiv.de/wp-content/uploads/2014/10/14_EdithSteinGesamtausgabe_DerAufbauDerMenschlichenPerson.pdf>. Acesso em: 16 jul. 2017.

——. *L'Être fini et l'être éternel. Essai d'une atteinte du sens de l'être*. Trad. G. Casella; F. A. Viallet. Louvain: Paris: Nawelaerts: Béatrice-Nawelaerts, 1972.

——. La fenomenologia di Husserl e la filosofia di San Tommaso D'Aquino. In: ID. *Vie della conoscenza di Dio e alti scritti*. Trad. Carla Bettinelli; pref. Sofia V. Rovighi. Roma: Messaggero Padova, 1983, 79-105.

——. *Il problema dell'empatia*. Trad. Elio Constantini; Erika S. Constantini. Roma: Studium, 1985.

——. *On the Problem of Empathy. The Collected Works of Edith Stein*, v. 3. Third Revised Edition. Translated by Waltraut Stein. Washington, D.C.: ICS Publications: Kluwer Academic Publishers, 1989, 135 p.

———. *Essere finito e essere eterno. Per uma elevazione al senso dell'essere*. Trad. Luciana Vigone. Roma: Città Nuova, 1992, 560 p.

———. *Natura, persona, mistica. Per uma ricerca cristiana della verità*. Trad. Michele D'Ambra. Roma: Città Nuova, ²1999a.

———. *A oração da Igreja*. Trad. José A. Pedra. Curitiba: s. ed., 1999b.

———. *Psicologia e scienze dello spirito. Contributi per una fondazione filosofica*. Trad. A. M. Pezella. Roma: Città Nuova, ²1999c.

———. *A mulher. Sua missão segundo a natureza e a graça*. Trad. Alfredo J. Keller. Bauru: EDUSC, 1999d, 306 p.

———. Autobiografía. Vida de una família judia. In: ID. *Obras completas*, v. I. Escritos Autobiográficos y cartas. Trad. Ezequiel García Rojo et al. URQUIZA, Julen; JAVIER SANCHO, Francisco (org.). Burgos: Editorial Monte Carmelo; Vitoria: Ediciones El Carmen; Madrid: Editorial de Espiritualidad, 2002a.

———. Estructura de la persona humana. In: ID. *Obras completas*, v. IV. Escritos Antropológicos y Pedagógicos (Magisterio de vida cristiana, 1926-1933). Trad. Francisco Javier Sancho et al.; Constantino R. Garrido; José L. C. Bono. URQUIZA, Julen; JAVIER SANCHO, Francisco (org.). Burgos: Editorial Monte Carmelo; Vitoria: Ediciones El Carmen; Madrid: Editorial de Espiritualidad, 2003a, 555-752.

———. Introducción a la filosofía. In: ID. *Obras completas*, v. II. Escritos filosóficos. Etapa fenomenológica. Trad. Constantino R. Garrido; José L. C. Bono. URQUIZA, Julen; JAVIER SANCHO, Francisco (org.). Burgos: Editorial Monte Carmelo; Vitoria: Ediciones El Carmen; Madrid: Editorial de Espiritualidad, 2003b.

———. *A ciência da cruz. Estudo sobre São João da Cruz*. Trad. Beda Kruse. São Paulo: Loyola, ⁴2004a.

———. *Sobre el problema de la empatía*. Trad. José L. Caballero Bono. Madrid: Editorial Trotta, 2004b, 141 p.

———. *Excurso sobre el idealismo trascendental*. Trad. Walter Redmond. Madrid: Encuentro, 2005.

―――. *Na força da cruz*. Trad. Hermann Baaken. São Paulo: Cidade Nova, ³2007a, 107 p.

―――. Ser finito y ser eterno: ensayo de una ascensión al sentido del ser. In: STEIN, Edith. *Obras completas*, v. III: Escritos Filosóficos. Etapa de pensamiento Cristiano: 1921-1936. Trad. Alberto Pérez, OCD, et al. URQUIZA, Julen; JAVIER SANCHO, Francisco (org.). Burgos: Editorial Monte Carmelo; Vitoria: Ediciones El Carmen; Madrid: Editorial de Espiritualidad, 2007b, 589-1200.

―――. *Endliches und Ewiges Sein. Versuch eines Aufstiegs zum Sinn des Seins. Edith Stein Gesamtausgabe*. Band 11/12. Bearbeitet von Andreas Uwe Müller. 2ª Ausgabe. Freiburg: Verlag Herder, 2016, 576 p.

―――. *Vida de uma família judia e outros escritos autobiográficos*. Trad. Maria do Carmo V. Wollny; Renato Kirchner. Rev. Juvenal Savian Filho. Coleção Obras de Edith Stein. São Paulo: Paulus, 2018, 600 p.

TERESA DE JESUS. *Obras completas. Edición manual*. Trad. e pref. Efren de la M. Dios; Otger Steggink. Madrid: Biblioteca de Autores Cristianos, ⁴1974.

UWE MÜLLER, Andreas; AMATA NEYER, María. *Edith Stein. Vida de una mujer extraordinaria*. Trad. Constantino Ruiz-Garrido. Burgos: Editorial Monte Carmelo, 2004, 285 p.

VARGAS, Carlos E. de C. *A teoria das multiplicidades* (*Mannigfaltigkeitslehre*) *na Lógica Pura dos Prolegômenos às Investigações Lógicas de Edmund Husserl*. Dissertação de Mestrado em Filosofia. Curitiba: Pontifícia Universidade Católica do Paraná, 2007, 124 f.

―――. A clarificação fenomenológica de Edith Stein. Ponte epistemológica entre a antropologia filosófica e a teologia simbólica, in: *Interações* – Cultura e Comunidade, Uberlândia, v. 7, n. 12, 165-181, jul./dez. 2012.

―――. *A concepção de probabilidade a partir da crítica de Husserl ao psicologismo lógico*. Tese de Doutorado em Filosofia. Curitiba: Pontifícia Universidade Católica do Paraná, 2015, 420 f.

——. *A misericórdia na espiritualidade de Santa Elisabeth da Trindade*. Pref. Frei Patrício Sciadini. São Paulo: LTr Editora, 2017.

——. *Dia a dia com Santa Teresinha. O calendário de uma família*. Pref. Frei Patrício Sciadini. São Paulo: LTr Editora, 2018.

——. *Origens da fenomenologia. O desenvolvimento inicial da filosofia de Edmund Husserl*. Rio de Janeiro: Multifoco, 2018.

——. *Para uma filosofia husserliana da ciência*. São Paulo: Loyola, 2019.

VIQUEIRA, Johán. *La psicología contemporánea*. Barcelona: Editorial Labor, 1937.

ZILLES, Urbano. A Antropologia em Edith Stein. In: BRUSTOLIN, Leomar A. et al. (org.). *Anais do Seminário Internacional de Antropologia Teológica. Pessoa e comunidade em Edith Stein*. Porto Alegre: EDIPUCRS, 2016.

ANEXOS

ANTOLOGIA DE PENSAMENTOS DE EDITH STEIN

Buscar a Verdade não é encontrá-la,
nem tampouco possuí-la[1].

FREI PATRÍCIO SCIADINI

Fé e razão

"Quando o intelecto ousa seu extremo, então ele chega aos próprios limites. Retira-se para encontrar a Verdade mais sublime e derradeira, e descobre que todo nosso conhecimento é incompleto.

Então, nosso orgulho se dobra e, assim, vemos uma alternativa: ou o intelecto cai no desespero, ou se inclina com veneração diante da Verdade imperscrutável e acolhe humildemente, na fé, o que a atividade natural do intelecto não é capaz de conquistar.

---

1. STEIN, EDITH, *Na força da cruz*, trad. Hermann Baaken, São Paulo, Cidade Nova, ³2007a, 16.

Então, à luz da Verdade Eterna, o intelectual adquire a ideia exata de seu intelecto. Percebe que as Verdades mais sublimes e derradeiras não são desvendadas pelo intelecto humano [...]

Por outro lado, o intelecto reconhece o campo legítimo da sua atividade natural e desempenha ali seu trabalho, da mesma forma que o agricultor prepara sua terra como algo bom e útil, mas cercado por limites estreitos, qual toda obra humana."[2]

Intelecto e contemplação

"Visto que o intelecto natural não consegue compreender a Luz Divina, ele precisa ser guiado na obscuridade pela contemplação."[3]

A luz escura da fé

"A fé é uma 'luz escura'. Ela nos faz entender alguma coisa, mas somente para chamar nossa atenção para algo que continua incompreensível para nós.

Uma vez que o fundamento último de todo ser é sem fundamento, tudo o que se vê a partir da fé é empurrado para a 'luz escura' do mistério.

Aceitar a Deus significa dirigir-se a ele na fé, ou 'ter fé em Deus', aspirar a ele.

Assim, a fé é Deus que captura. A captura, porém, pressupõe ser capturado: não podemos crer sem a Graça.

E a Graça é tomar parte na vida divina. Quando nos abrimos à Graça, quando aceitamos a Graça, temos o início da vida divina em nós.

---

2. Idem, 58.
3. Idem, 66.

A fé está mais próxima da Sabedoria Divina do que todas as ciências filosóficas e, mesmo, teológicas.

Todavia, como andar na escuridão se faz difícil, cada raio de luz que cai em nossa noite como prenúncio de nossa futura clareza é de ajuda inestimável para não nos confundir no caminho."[4]

Empatia no amor

"A essência mais íntima do amor é a entrega. Deus, que é amor, dá-se nas criaturas que ele criou para o amor.

O amor, entretanto, é vida na mais alta perfeição: ser que se entrega eternamente sem experimentar redução, fecundidade infinita."[5]

A ética cristã do amor

"Nosso amor ao homem é a medida do nosso amor a Deus.

Mas trata-se de outro amor que não o amor natural ao homem. O amor natural vale para essa ou aquela pessoa a quem estamos ligados por laços de sangue, ou pela afinidade do caráter.

Para os cristãos, não existe 'pessoa estranha'. Ele é sempre o próximo, que está diante de nós; não importa se é parente ou não, se 'gostamos' dele ou não, se ele é 'moralmente digno' de ajuda ou não.

O Amor de Cristo não conhece limites, nunca termina, não recua ante a feiura e a sujeira. Ele veio por causa dos pecadores e não por causa dos justos[6].

---

4. Idem, 52.
5. Idem, 49.
6. Cf. Lc 5,32.

E quando o Amor de Cristo vive em nós, fazemos como ele e vamos atrás das ovelhas[7] perdidas."[8]

A Ciência da Cruz

"Só se consegue conquistar uma Ciência da Cruz[9] quando se sente profundamente a cruz.

Disso eu estava convicta desde o primeiro instante e disse de coração:

Saúdo-te, cruz, única esperança."[10/11]

Conhecimento e união entre Deus e a alma

"Deus só é conhecido à medida que se revela.

E os espíritos aos quais ele se revela transmitem a Revelação adiante.

Conhecer e anunciar caminham juntos.

Mas, quanto mais sublime é o conhecimento, tanto mais obscuro e misterioso ele é, tanto menos é possível expressá-lo em palavras.

Quanto mais a alma se eleva a Deus, tanto mais fundo ela desce dentro de si: a união realiza-se no mais íntimo da alma, no fundo mais profundo dela."[12]

---

7. Cf. Lc 15,3-7.
8. STEIN, EDITH, *Na força da cruz*, trad. Hermann Baaken, São Paulo, Cidade Nova, ³2007a, 71.
9. No original: *Scientia Crucis*.
10. No original: *Ave Crux, Spes Unica*.
11. Idem, 85.
12. Idem, 88.

"O ponto central da alma é o lugar de onde se escuta a voz da consciência e é o lugar da livre decisão pessoal.

Por ser assim e porque, para que a união amorosa com Deus aconteça, é necessária a entrega livre e pessoal; assim, o lugar da livre decisão pessoal deve ser, ao mesmo tempo, o lugar da livre união com Deus.

Daí se entende também porque, para Santa Teresa d'Ávila, a entrega da vontade ao Divino é vista como a coisa mais essencial dessa união: a entrega da nossa vontade é o que Deus pede a todos nós e é o que conseguimos fazer.

É a medida da nossa santidade.

É também a condição para a união mística, que não está sob nosso poder, mas é dádiva, pura e livre, de Deus."[13]

Mistério do Espírito Santo

"Quem és Tu, Luz
Que me inunda e a treva do meu coração
ilumina?

Tu me conduzes,
Qual mão de uma Mãe.
Se me soltasses,
Não saberia caminhar
Mais um só passo [...]

Estás mais perto de mim
Do que eu de mim mesma,
E mais dentro
Do que meu íntimo.

---

13. Idem, 63.

No entanto,
Continuas intangível
E ininteligível,
Arrebentando todo nome:
Santo Espírito — Eterno Amor."[14]

Nas mãos de Deus

"No fundo, é sempre uma verdade pequena e simples o que tenho a dizer: como se pode começar a viver nas mãos do Senhor."[15]

Perseverança na caminhada

"Deus conduz cada um por seu próprio caminho; um chega mais fácil e mais rápido à meta do que o outro. Aquilo que podemos fazer, quando comparado ao que acontece conosco, é, na realidade, bem pouco. Mas esse pouco temos de fazer.

Ou seja, orar com perseverança para seguir, sem resistência, o bom caminho e o impulso da Graça, quando o sentimos. Quem agir assim e perseverar pacientemente não poderá dizer que seus esforços foram em vão.

Somente não se deve dar prazo algum ao Senhor."[16]

---

14. Idem, 80.
15. Idem, 37.
16. Idem, 38.

SOBRE OS AUTORES

Carlos Vargas

Carlos Vargas é Doutor e Mestre em Filosofia pela Pontifícia Universidade Católica do Paraná (PUC-PR). Também foi professor nas Faculdades Integradas Santa Cruz de Curitiba e atua como servidor público (IBGE). É membro da Academia Marial de Aparecida, da AVIPAF, da Academia Brasileira de Hagiologia e da Ordem dos Carmelitas Descalços Seculares (OCDS). Atua em associações científicas e filosóficas, incluindo a *Nordic Society of Phenomenology* e o *Edith Stein Circle* (Associação internacional para o estudo da filosofia de Edith Stein).

O escritor publicou poesias e contos em várias antologias literárias, trabalhos em anais de eventos e artigos em revistas acadêmicas. É autor dos livros *A misericórdia na espiritualidade de Santa Elisabeth da Trindade, Dia a dia com Santa Teresinha. O calendário de uma família, Dom Pedro Filipak. Apóstolo das vocações, Félix em busca do ser humano. Contos filosóficos, Dois corações. A intencionalidade da poesia, Origens da fenomenologia. O desenvolvimento inicial da filosofia de Edmund Husserl* e *Para uma filosofia husserliana da ciência*.

Moisés Rocha Farias

Doutorando em Filosofia pela Universidade do Minho (Portugal), com estágio de pesquisa realizado no *Edith Stein Archiv* em Colônia (Alemanha). Mestre em Filosofia e Especialista em Metodologia e Didática do Ensino Superior e em Educação a distância. Licenciado em Filosofia pela Universidade Católica de Brasília e Bacharel em Filosofia pelo Instituto Teológico Pastoral do Ceará. É membro da Academia Brasileira de Hagiologia, da Sociedade Portuguesa de Filosofia, da Associação Brasileira de Filosofia da Religião e da Ordem dos Carmelitas Descalços Seculares (OCDS). Já se apresentou e organizou eventos nacionais e internacionais, tendo publicado diversos artigos em revistas acadêmicas especializadas. Organizou a publicação da obra *Edith Stein. A pessoa na filosofia e nas ciências humanas*.

POSFÁCIO
BUSCAR A DEUS É CAMINHAR NA VERDADE
Frei Patrício Sciadini, OCD[1]

> *Senhor,*
> *dá-nos a coragem desta mulher*
> *para procurar sempre a verdade,*
> *e fazer dessa busca*
> *a única oração que agrada a ti.*
>
> Frei Patrício Sciadini[2]

Deus se deixa encontrar pelos que, embora por caminhos diferentes, o buscam com amor e verdade. Deus é a Verdade que, com sua Luz, clareia os caminhos obscuros da humanidade e do pensamento humano, muitas vezes envoltos na neblina do

---

1. Frei Patrício Sciadini é sacerdote e missionário da Ordem Carmelita Descalça (OCD). Nascido na Itália, mora no Egito, mas é apaixonado pelo Brasil. Pregador de cursos e retiros espirituais, publicou dezenas de livros. Colaborou na divulgação e organização, em língua portuguesa, das obras de Santa Teresa de Jesus, São João da Cruz, Santa Teresinha do Menino Jesus, Santa Edith Stein (Irmã Teresa Benedita da Cruz), Santa Teresa dos Andes e Santa Elisabeth da Trindade.

2. Sciadini, Patrício, *Edith Stein diz...*, São Paulo, Loyola/Carmelitanas, 2005, 7.

raciocínio. O saber nem sempre nos leva à fonte da verdadeira sabedoria. Quando a razão encontra seus limites, é auxiliada pela fé, substância do que não vemos (cf. Hb 11,1). É necessário pôr limites ao "fideísmo cego", que tudo quer explicar pela fé. Razão e fé são duas irmãs inseparáveis que se ajudam mutuamente. A fé sozinha pode nos levar a um fanatismo extremamente perigoso. Por outro lado, a razão sozinha pode nos levar a negar o transcendente e nos reduzir a um triste racionalismo.

O livro sobre Santa Edith Stein é de uma riqueza que nos ajuda a não ter medo da fé, nem da razão. É um caminho que nos aproxima de Deus e dos irmãos, quando percorrido com humildade. Fé, empatia, mística, razão e filosofia são meios necessários para superar os áridos desertos da vida e vencer os horrores de um racionalismo insuportável que deixou marcas tristes na história do século XX.

Pediram-me um posfácio a este livro. Na verdade, não seria necessário porque já tem um bom prefácio, uma boa introdução e um bom texto, mas não posso negar este pedido que vem de meus irmãos carmelitas da OCDS e o faço com alegria. Antes de tudo, devo avisar que não sou filósofo, nem teólogo, nem místico. Sou um carmelita fascinado pela Luz do Amor de Deus. Sou como um cego que busca não cair, apoiando-se no bastão da fé e da confiança no Senhor, que é o meu Pastor (cf. Sl 23,1).

Buscar a Verdade

Santa Edith Stein, desde sua infância e adolescência, meio rebelde diante das estruturas religiosas e filosóficas da vida, empreende um caminho de busca da Verdade. Ela chegará a dizer: "por muito tempo, a minha única oração foi a busca da Verdade"[3].

---

3. SCIADINI, PATRÍCIO; ALVES, GEORGE, *Rezar com Santa Teresa d'Ávila*. *Grupo de Oração Teresiana*, São Paulo, Loyola/Carmelitanas, ²2002, 56.

Sabemos como foi a conversão de Santa Edith Stein: o encontro casual com a biografia de Santa Teresa d'Ávila[4], lida numa noite de insônia humana e de vigilância divina. Ao fim da noite, no nascer da aurora, fechando o livro, ela diz: "aqui está a Verdade"[5]. Esta Luz da Verdade que vem do alto e da experiência, transformou o coração da filósofa Edith em uma Edith mística e contemplativa.

A Verdade deixou de ser o resultado do esforço da inteligência humana e abstrata e se transformou numa Pessoa, que é o mesmo Deus e que se revela em Jesus de Nazaré.

Vivemos num mundo fragmentário e nem sempre conseguimos construir, dentro de nós, o rosto luminoso da Verdade que não conhece ocaso... Às vezes, precisamos deixar de lado os livros e os caminhos tortuosos da inteligência para nos deixar iluminar pela luz doce e serena que ilumina todo homem e que nos doa a paz interior.

Mas por onde passa a verdade? E como se chega à Verdade? O caminho é um só. É o caminho da *Ciência da Cruz*...

A cruz: caminho para a felicidade

A celebração do IV centenário do nascimento de São João da Cruz foi a motivação pela qual irmã Teresa Benedita da Cruz saiu um pouco de seu silêncio intelectual para procurar compreender a ciência escondida nos escritos de São João da Cruz. Eu, pessoalmente, que não sou um estudioso de Santa Edith Stein, considero isso como a última etapa da conversão da filósofa e monja carmelita.

---

4. TERESA DE JESUS, SANTA, *Obras completas. Edición manual*, trad. e pref. Efren de la M. Dios; Otger Steggink, Madrid, Biblioteca de Autores Cristianos, [4]1974.

5. SCIADINI, PATRÍCIO, *Edith Stein diz...*, São Paulo, Loyola/Carmelitanas, 2005, 18.

O encontro com a doutrina de São João da Cruz, que soube unir maravilhosamente o conhecimento teológico e a experiência vital, tocou profundamente o coração de Santa Edith Stein. Ela viu que a experiência de Deus é uma experiência da *Ciência da Cruz*, uma ciência que não se aprende nos livros, mas em saber acolher o sofrimento como dom, purificação e participação na Paixão de Nosso Senhor Jesus Cristo.

A Paixão de Jesus se vive na própria carne e ela a viveu em vários aspectos da sua existência. Santa Edith Stein também viveu essa *Ciência da Cruz* no sofrimento do povo ao qual ela pertencia e amava. Sabemos que as últimas palavras dela, registradas ao sair do Carmelo de Echt em direção a Auschwitz, foram dirigidas à sua irmã Rosa, que seguia junto: "vamos para o nosso povo"[6]. É o caminho do Calvário que ela compreendeu plenamente, também por meio do discipulado na escola de São João da Cruz, pai e místico do Carmelo.

Mas o que é a Cruz? É o bastão que nos ajuda a apoiar na subida do Monte Carmelo. A Mística é o caminho onde tudo se transfigura à luz de Cristo crucificado e erguido no alto do Monte Calvário, de onde pode iluminar toda a humanidade.

Fica evidente que há uma filosofia e uma teologia de Santa Edith Stein que somente é compreensível para os que, pelo caminho do estudo, sabem se aprofundar na reflexão e nos caminhos da inteligência, deixando-se iluminar pela fé. Mas há uma outra Santa Edith Stein: longe dos livros e das discussões da teologia e da filosofia, mas sempre empática. Ela nos comunica uma santidade humilde, atenta, dialogante e fraterna, que vivencia a vida cotidiana do Carmelo e nos fala da força de Deus.

Esta é a Santa Edith Stein que compreendo e amo mais.

Tenho comigo que um dia a Igreja a proclamará Doutora da Igreja. Ela é a Santa Tomasiana da Fenomenologia que soube

---

6. STEIN, EDITH, *A ciência da cruz. Estudo sobre São João da Cruz*, trad. Beda Kruse, São Paulo, Loyola, ⁴2004a, 4.

adentrar-se no diálogo com as novas orientações do pensamento humano com a forca da inteligência e a luz da fé.

Este livro é bem-vindo

O livro de Carlos Vargas e Moisés Farias é, sem dúvida, um presente para cada um de nós e nos ajuda a compreender o pensamento de uma santa amiga dos livros, mais amiga das pessoas e mais amiga ainda de Jesus, que nos toma pela mão para nos guiar no caminho da inteligência, da ética e da empatia com a finalidade de nos fazer descobrir a beleza do rosto divino impresso nos rostos de toda a humanidade.

Ser místico no mundo de hoje e de sempre não é fugir da realidade, mas mergulhar na realidade humana, social, política e religiosa não com a força humana, mas com a força de Deus. O bom fermento divino vai nos transformando em luz que se coloca no Monte e não pode passar despercebida aos viandantes (cf. Mt 5,14), ainda que estejam distraídos por tantas coisas terrenas.

As últimas páginas, como uma pequena antologia de pensamentos de Santa Edith Stein, soam como um aperitivo, convidando-nos a aprofundar seus pensamentos e a viver sua mensagem: buscar a verdade, ser transparência da verdade e, através da mística da empatia, aproximar-se com delicadeza e respeito de todos os que necessitam de ajuda, com um gesto de amor misericordioso. Como Maria, aos pés da cruz (cf. Jo 19,25), silenciosa e orante, pensemos sem medo os novos caminhos da vida. A *Ciência da Cruz* é a porta aberta para a felicidade sem fim.

Desde o Egito,

ABUNA BATRIK SCIADINI[7], OCD

---

7. Desde 2010, Frei Patrício Sciadini mora, como missionário carmelita, na cidade do Cairo, no Egito, onde é conhecido como *Abuna Batrik*.

Edições Loyola

editoração impressão acabamento

Rua 1822 nº 341 – Ipiranga
04216-000 São Paulo, SP
T 55 11 3385 8500/8501, 2063 4275
www.loyola.com.br